Cerrando la Brecha: Entre Vendedores de Automóviles Y Compradores

Cerrando la Brecha

Significa Conectar Dos Cosas

O

Haciendo el Espacio Entre Ellos Menor

El Puente en Este Libro

Se Refiere a

Relaciones Personales

William Fred Kestler, Jr.

DERECHOS DE AUTOR

Fred Kestler © 2019
Todos los derechos reservados. Impreso en Los Estados Unidos de América.
Excepto lo permitido bajo el Ley de derechos de autor de los Estados Unidos de 1976, ninguna parte de esta publicación puede ser reproducido o distribuido en cualquier forma o por cualquier medio, o almacenado en una base de datos o sistema de recuperación, sin el permiso previo por escrito de la editorial.

RENUNCIA

Aunque el autor y el editor han hecho todo lo posible para garantizar que la información en este libro sea correcta, el autor y el editor no asumen y por la presente no asumen ninguna responsabilidad ante ninguna de las partes por cualquier pérdida, daño o interrupción causada por errores, omisiones, declaraciones , sugerencias u opiniones, ya sean realizadas o imaginadas.

UNA NOTA DEL AUTOR

Las situaciones, problemas y problemas discutidos en este libro no pertenecen a ninguna persona o concesionario. Este libro fue escrito principalmente para sugerir un proceso para mejorar la lealtad y la confianza del cliente. Este libro NO fue escrito para ser una reflexión negativa sobre la industria de ventas de automóviles.

Tabla de Contenido

Prefacio
El autor

Capítulo Uno
Una visión general de la cultura corporativa
Capitulo Dos
Una visión general del proceso de ventas actual
Información Adicional
Capítulo Tres
Una visión general del nuevo proceso de ventas
Cambiar el proceso ... Cambiar el resultado
Capítulo Cuatro
Primera parte: pasos en el nuevo proceso de ventas
Conoce y saluda
Cheque de lista
Lista de deseos del comprador
Capítulo Cinco
Segunda parte: pasos en el nuevo proceso de ventas
Centrándose en los compradores
Capítulo Seis
Tercera parte: pasos en el nuevo proceso de ventas
Entrevista del comprador
Capítulo Siete
Cuarta parte: pasos en el nuevo proceso de ventas
Selección de vehiculo
Presentación del vehículo
El paseo alrededor
Unidad de demostración

Capítulo Ocho
Quinta parte: pasos en el nuevo proceso de ventas
Cierre del ensayo
Caminada de cambio silencioso
Paseo de servicio
Justificación de la concesión commercial
Capítulo Nueve
Sexta parte: pasos en el nuevo proceso de ventas
Comenzando un trato
Propuesta de valor
Capítulo Diez
Séptima parte: pasos en el nuevo proceso de ventas
Negociación
Preocupaciones vs. Obceciones
Capítulo Once
Parte ocho: pasos en el nuevo proceso de ventas
Confirmar una transacción
Configuración de la declaración de compra
Declaración de compra
Capítulo Doce
Finalizando el proceso
Finanzas y seguros
Presentación de entrega del vehículo
Seguir
Capítulo Trece
Acerca de la gente
La posición de ventas
Trabajo Vs. Carrera
Capítulo Catorce
Éxito
Glosario

Cómo aprovechar al máximo este libro

No aprenderá este material simplemente escaneándolo. Debe leerse y las lecciones deben practicarse. Una cantidad moderada de determinación contribuirá en gran medida a que se convierta en un vendedor superior. Agregando infografías para ayudar a acelerar la curva de aprendizaje. Al leer este libro resalte información valiosa. Agregue notas breves en los márgenes y se sugiere que cada lector compre su propio libro de trabajo - guía de estudio. Envíe correos electrónicos al autor si tiene alguna pregunta y / o sugerencia para mejorar este libro. Presta mucha atención a las palabras en **Negrita**, en *Cursiva* y <u>Subrayadas</u>. Estas palabras se definen en el glosario.

La mayoría de las personas aprende leyendo, escribiendo y haciendo. Mejorará sus habilidades de comunicación mediante la práctica de <u>**Las imágenes de palabras.**</u> Para mejorar las habilidades de ventas o acción, practique el juego de roles con un gerente o amigo. El juego de roles es más efectivo con solo dos personas presentes. El juego de roles es extremadamente importante si una persona quiere hacer una carrera en ventas de automóviles. Es mejor practicar con otro vendedor en una habitación
privada que con un cliente en el lote. El juego de roles genera confianza y aumenta las ventas. Estas sugerencias ayudarán a los vendedores a prepararse para tener éxito en las ventas de automóviles, pero aún requerirá determinación y perseverancia para que sus esfuerzos sean exitosos.

NOTA PARA EL LECTOR

En cada actividad humana, desde los deportes hasta los negocios, los mejores profesionales hacen una cosa más que sus compañeros: practicar.

Practicar significa realizar (una actividad) o ejercicio (una habilidad) repetida o regularmente para mejorar o mantener la competencia.
oxfordlearnersdictionaries.com

Adelante

El submarino amarillo en la portada del libro es una representación gráfica de una parte esencial del **_Nuevo Proceso de Ventas_**. Representa la idea de que los vendedores deben pasar por debajo de lo que los compradores dicen que quieren para poder descubrir el motivo real del comprador para comprar. Este libro es diferente de cualquier libro escrito sobre el proceso de venta de automóviles.

Hay una mejor manera de realizar una venta de automóviles. El nuevo enfoque de ventas es más cómodo para los compradores y vendedores porque es más natural y, por lo tanto, más simple y productivo. Es menos estresante para vendedores y compradores, y generará una mayor ganancia bruta. Por un breve período, deje de lado lo que ha aprendido o escuchado sobre la venta de automóviles. El objetivo de este libro es mostrar al lector una forma más placentera y eficiente de vender, al mismo tiempo que se prepara para futuros negocios.

Comencemos enseñando a los vendedores a crear de inmediato una relación de confianza con el comprador. Comienza con educar a los compradores sobre la verdadera razón por la que comenzaron a comprar en primer lugar. Para poder hacer esto, los vendedores primero deben hacer una inmersión profunda para descubrir la motivación, la situación y las preocupaciones que comenzaron a comprar a los compradores en este momento. Una inmersión profunda también permite a los vendedores comenzar a establecer una relación inmediata. Una inmersión profunda en este contexto significa involucrar a los compradores en una **_Conversación de Ventas Productivas_**. El objetivo aquí es involucrar a los compradores en el proceso de ventas. De esta manera, se convierten en parte del proceso en

lugar de ser un espectador externo. El objetivo es que los vendedores
cambiar de posición y convertirse en un confidente de confianza. Cuando esto sucede, los compradores comienzan a escuchar y a creer los consejos del vendedor.

Es comprensible que para los vendedores que tienen un cambio en su pensamiento dar un salto de fe; especialmente si un concesionario ha estado haciendo las cosas de cierta manera durante mucho tiempo. Los vendedores necesitan saber que el **_Nuevo Proceso de Ventas_** no cambia el **_Camino a la Venta_**, ya que esta es la base de todas las ventas de automóviles. Sin embargo, cambia el proceso de centrarse estrictamente en el producto a construir una relación de confianza con los compradores. Este **_Nuevo Proceso de ventas_** abre la puerta para permitir a los compradores mirar otras opciones. Lo que es más importante, comienza el proceso de vendedores que educan a los compradores, por lo que los compradores ven suficiente **_Valor_** en el producto para venderse.

Este libro evolucionó a partir de observaciones e investigaciones sobre la naturaleza humana y el comportamiento del consumidor. Está escrito para proporcionar información práctica que los vendedores pueden usar de inmediato. Para mantener este libro relevante y puntual, lo he mantenido simple y conciso. El material está condensado, por lo que es fácil de leer en un breve período. La organización del libro está configurada para fluir fácilmente de un tema a otro. Los vendedores pueden encontrar la información rápidamente.

Este libro tiene catorce capítulos. Cada capítulo contiene información crítica que los vendedores pueden comprender y aplicar inmediatamente a su esfuerzo de ventas. Este libro le dará a los vendedores instrucciones claras sobre "Cómo", "Qué" y "Por qué" para hacer cada paso del proceso. Este libro fue escrito para ayudar a la industria de ventas de automóviles a mejorar. Hay cientos de libros sobre capacitación en ventas de automóviles que están disponibles en todos los formatos imaginables. El camino hacia la venta se ha introducido en la cabeza de la mayoría de los vendedores en el negocio de automóviles desde su inicio. Entonces, ¿por qué entonces el 71% de todos los vendedores de automóviles facturan anualmente?

Encuesta NADA en 2015 (infografía a seguir)

Este libro le dará un proceso repetible que es fácil de recordar y hará que la venta sea mucho más agradable y rentable. Está a punto de recibir un proceso paso a paso que está diseñado para producir más ventas y aumentar las ganancias brutas a través de relaciones a largo plazo. Aquí hay algunos conceptos básicos de ventas que todos los vendedores quieren aprender. Todos los términos nuevos se tratarán en el siguiente texto.

- Los compradores son compradores
- Todos los compradores gastan más de lo que quieren gastar
- El ***Valor*** debe exceder el costo
- Siempre reciba información antes de dar información
- Siempre haz preguntas
- Las palabras importan
- Todas las compras de vehículos son conducidas por una preocupación central
- Quiere cambiar todo el tiempo, pero las necesidades son permanentes
- Habla despacio - Piensa rápido
- Involucrar a los compradores en ***Conversaciones de Ventas Productivas***
- Comprender el ***Valor Percibido*** estimula la urgencia

- Comprender y utilizar *la Justificación de la Asignación Comercial*
- Comprender y usar el ***Resumen del Valor Percibido***
- Use la infografía como guías de referencia visual
- Siempre comienza con el fin en mente
- Comience a pensar en términos de precio de etiqueta completa

Cualquiera puede tener éxito en la venta de automóviles si aprende y practica el ***Nuevo Proceso de Ventas***. Todo lo que necesitas hacer es desarrollar algunos hábitos disciplinados. Estos hábitos cambiarán la forma en que construyes relaciones con tus clientes. ***El Nuevo Proceso de Ventas*** es para cualquier persona a la que le gusten las personas, tenga integridad, una fuerte ética de trabajo y un deseo ardiente de aprender lo que se necesita para tener éxito en el negocio del automóvil.

El Nuevo Proceso de Ventas está diseñado para ayudar a los vendedores a construir una base de clientes grande y leal durante cinco años o menos, lo que les permite trabajar exclusivamente desde las citas. Es divertido trabajar con clientes habituales y referidos y son los más rentables. Este tipo de base prepara a una persona para una carrera en ventas de automóviles.

Este libro les dará a los vendedores un juego de herramientas que pueden usar para impulsar sus ventas continuamente. El nuevo proceso de ventas prepara a los vendedores dándoles modelos comerciales fáciles de entender para estrategias, procesos y procedimientos de ventas y comunicación. Para acelerar la curva de aprendizaje hay infografías de apoyo.

Este libro lo lleva directo al punto sin toda la peluquería destinada a agregar palabras, páginas contando viejas historias de ventas. El objetivo de este libro ayudará a los vendedores a salir a la carretera y ganar tracción de inmediato.

Esto es más que un simple libro, sino más bien un intento de crear una amistad entre vendedores de automóviles y compradores. Nada es fácil para tener éxito en los negocios, por lo que el propósito de este libro es ayudar a nivelar el campo de juego. Para sobrevivir en el puesto, los vendedores deben ser productivos lo antes posible y eso requiere ser profesional.

Las técnicas actuales de venta de automóviles están alejando a los clientes de los concesionarios, lo que a su vez desalienta a los vendedores. Este libro es un esfuerzo por cambiar la espiral descendente, por lo tanto, aumentar la lealtad de los clientes y vendedores por igual.

Si tiene alguna pregunta, comentario o inquietud, comuníquese conmigo a wfkj2020@gmail.com

Construir y mantener una base de clientes rentable es una experiencia que cambia la vida y comienza con un solo comprador a la vez. Entonces, para todos los submarinistas, vamos a sumergirnos.

William Fred Kestler, Jr.

Del Autor

Asumí esta ardua tarea de escribir este libro porque creo que esta información puede ayudar a los vendedores de automóviles con dificultades. Pasé la mayor parte de mi carrera en el negocio de agencias de publicidad, principalmente manejando pequeñas cuentas de automóviles.

Después de mudarme a una zona rural, fui a trabajar para un pequeño concesionario como Director de Marketing. Durante mi estadía en el concesionario, conocí a algunas personas muy talentosas que me gustaron y admiraron. Muchos de ellos disfrutaron de su experiencia en ventas de automóviles; sin embargo, no pudieron quedarse el tiempo suficiente para construir una base de clientes para respaldar sus obligaciones financieras.

Durante mi tiempo en el concesionario, viajé por la costa este de los Estados Unidos en busca de una mejor trampa para ratones cuando se trataba de vender autos. Encontré la misma cosa vieja envuelta en un papel de color diferente. Fue evidente con el tiempo que lo que estaba buscando no se encontraba en el negocio del automóvil. Después de dejar el concesionario, me sumergí durante varios años investigando qué motivaba a los clientes y cómo usar esa información para establecer una relación con ellos de inmediato. Después de leer este libro, creo que nunca volverá a ver el proceso de venta de automóviles a través del mismo par de anteojos. Descubrí que la motivación sostenible para un personal de ventas no proviene solo de una recompensa financiera, sino de la sensación de que todos son importantes y parte de una familia extensa a medida que trabajan juntos por el bien del equipo.

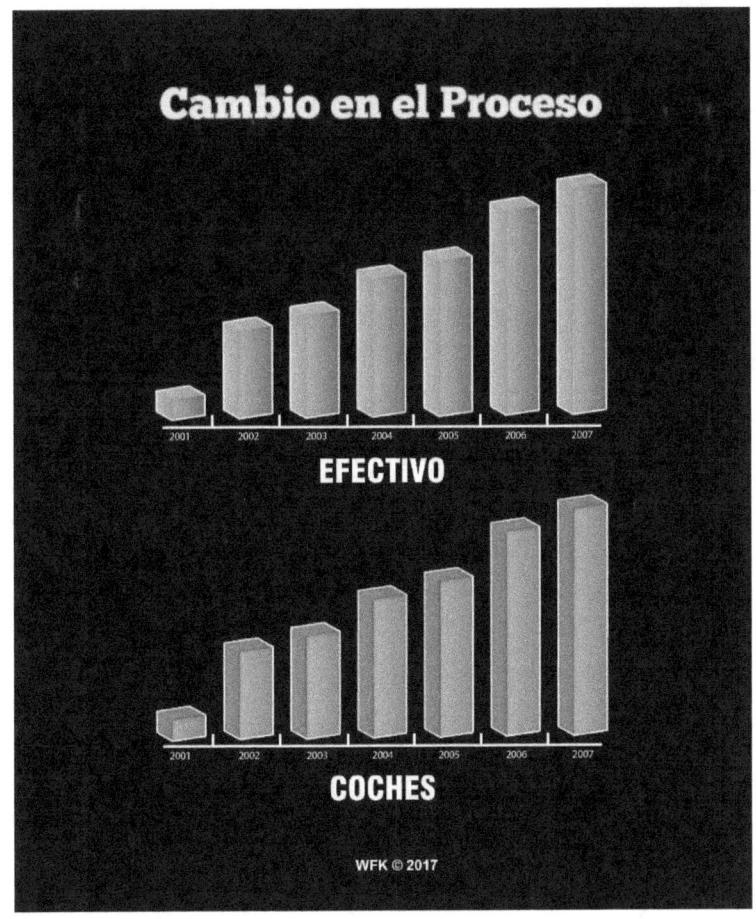

Si crees que puedes o crees que no puedes, tienes razón.
Henry Ford

Durante mis ocho años en el concesionario, crecimos a un ritmo constante, que eventualmente superó un aumento de trescientos cincuenta por ciento en los ingresos anuales.

Incluso con la influencia de Internet, el 90 PLUS% de nuestros clientes todavía visitan la sala de exposición y buscan una relación antes de gastar una gran cantidad de dinero y finalmente hacer su compra. Es sorprendente cuánto determina su relación con su cliente la venta ...
Reportado por ...
dealerrefresh.com

Páginas en blanco para notas del lector

Capítulo Uno

Una Visión General de la Cultura Corporativa

Hay dos culturas corporativas básicas. Lo primero que discutiremos aquí es **_Una Cultura Basada en el Miedo_**. Esta cultura es egoísta, ya que se trata del dólar. Esta cultura crea miedo, ya que existe un entorno en el que las personas se sienten amenazadas de perder su posición en cualquier momento. Otro problema que crea esta cultura es la **_Centalidad de la Escasez_**. Esto significa que nunca hay suficiente de nada, y todos deben tomar lo que puedan hoy y no preocuparse por el mañana.

El nivel de ansiedad aumenta a medida que los vendedores se preocupan por su bienestar financiero. Se dice que la cultura corporativa es el ADN de un concesionario. Típicamente, la cultura corporativa gobierna silenciosamente las acciones de los empleados. Se le conoce como el clima comercial de una empresa. Hay muchos tonos de gris cuando se trata de culturas corporativas.

Una Cultura Basada en el Miedo es una de alto control, baja confianza y falta de soporte de ventas. Los nuevos vendedores no están seguros de qué comportamiento es aceptable o inaceptable ya que no existe un **_Código de Ética_** por escrito. Esto lleva a una confusión que se manifiesta en una producción limitada. También está el problema del nepotismo, que significa favoritismo y trato preferencial. Estas condiciones son el sello distintivo de **_una Cultura Basada en el Miedo_** y contribuyen a la alta rotación de los vendedores. Las personas tratan a sus clientes como a ellos, por lo que esto afecta la confianza y lealtad del cliente. Cuando no existe un plan de ventas justo y al grano, el resultado es un aumento de los gastos, lo que hace que las ganancias disminuyan.

NOTA PARA EL LECTOR

Este libro **_NO_** fue escrito para culpar a nadie, sino para que el personal de ventas comience a pensar y asumir la responsabilidad de sí mismos. Este libro intenta introducir una **_Cultura Basada en la Fe_** que está centrada en otros para reemplazar **_una Cultura Basada en el Miedo_**, que es egocéntrica. Este libro fue escrito para ser completamente abierto, honesto y transparente sobre los problemas que obstaculizan el crecimiento del personal de ventas. Muchos propietarios de concesionarios no realizan negocios que sean consistentes con su propio sistema de Valor. Este libro ofrece a los concesionarios un protocolo que conduce al éxito.

Los concesionarios de hoy quieren líderes, no jefes, ya que su comportamiento refleja la cultura corporativa. Es crucial establecer líderes que modelen integridad, transparencia y accesibilidad. Deben estar activos y visibles en el piso y en el lote. Necesitan más actitud de apoyo si un concesionario quiere una cultura saludable dentro de una organización.

Los vendedores toman sus señales de la gerencia cuando se trata de su comportamiento y producción de ventas. Se requiere que la gerencia y los vendedores trabajen juntos para finalmente crear un crecimiento sostenible a largo plazo y el éxito de un concesionario.

El objetivo principal de este libro es introducir una cultura basada en la fe para reemplazar una cultura basada en el miedo, si existe. El primer paso para corregir cualquier situación desfavorable es primero reconocer que hay un problema y luego señalarlo a todos los involucrados. A continuación, presente hechos que probar que las acusaciones existen. Y finalmente, cree una solución para corregir estos problemas. Las acciones de los vendedores afectarán directamente las acciones de sus clientes, y eso afectará directamente el resultado final.

Uen *Una Cultura Basada en el Miedo*, todos, incluidos los clientes, sienten la presión de cerrar la transacción de inmediato. En el *Proceso de Ventas Actual,* no se asigna tiempo ni se hace hincapié en la construcción de relaciones entre vendedores y clientes. El resultado es poca o ninguna confianza o lealtad del cliente. También crea la estrategia de marketing actual de la mayoría de los concesionarios, que consiste en comprar tráfico de clientes a través de la publicidad. En el mejor de los casos, este es un enfoque de escopeta. Un plan mucho mejor es construir una base de clientes a través del negocio de repetición y referencias. Al hacer esto, los vendedores pueden esperar una carrera duradera en ventas al aumentar su potencial de ingresos de manera sostenible durante un período de tiempo. El próximo capítulo analizará los problemas en el ***Proceso de Ventas Actual***. Creo que el mejor lugar para corregir un sistema de ventas roto es comenzar con el proceso de ventas.

Capitulo Dos

Una Visión General de la Proceso de Ventas Actual

El proceso de ventas actual es la fórmula frecuente pero anticuada para las ventas de automóviles que eleva el resultado final del concesionario por encima de los mejores intereses del cliente. Se enfoca en alto volumen, alta rotación y bajo bruto. Este sistema de ventas tiene poco énfasis en las relaciones personales comprador-vendedor.

Este sistema se basa en ***Ventas Dirigidas por el Mercado***, lo que significa que las ventas son dictadas por la economía. Esto se evidencia en los departamentos de ventas que viven fuera del ***Tráfico de Lotes*** (personas que caminan) en lugar de compradores que regresan y se refieren. Esta vieja estrategia de marketing funciona cuando la economía está en auge, el crédito es fácil de adquirir, hay un enorme gasto mensual en publicidad y el clima es bueno. ***Los Concesionarios Dirigidos por el Mercado*** se centran en hacer ofertas rápidas y baratas ***Denominadas Transacciones de Ganar*** / ***Perder***. Esto significa cerrar el trato pero perder al cliente.

Existe un índice de rotación notablemente alto de vendedores de automóviles. Esto se puede atribuir a la falta de apoyo y respeto hacia los vendedores, horarios extendidos y pequeños cheques de comisiones. El miedo puede causar desorden en una organización de ventas y temor tanto en los vendedores como en la gerencia. Los concesionarios tienen la tasa de deserción más alta cualquier industria en los Estados Unidos, ya que pierden su producto más valioso, sus vendedores.

Estudio de la Fuerza Laboral de Concesionarios de NADA en 2015: la tasa de rotación anual de la posición de minorista automotriz ha aumentado de 66.6% a 71.9%. Eso es casi el doble de la tasa anual de rotación de empleados de McDonald's. Aquí hay una infografía que ilustra este punto.

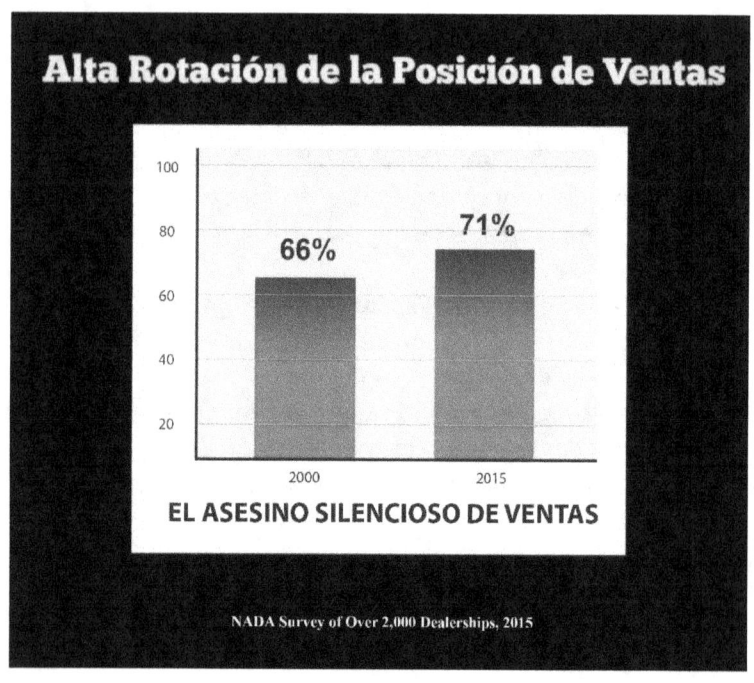

Existen importantes problemas internos causados por una alta rotación del personal de ventas, conocida como la puerta giratoria. A continuación se enumeran algunos de estos ...

> Un personal de ventas corto hace que la carga de trabajo se acumule en los vendedores restantes, construyendo morestress
> La calidad del trabajo flaquea
> El servicio al cliente sufre

- La productividad disminuye
- La imagen pública disminuye
- Y más vendedores comienzan a buscar otros trabajos

La puerta giratoria hace que los gerentes se recluten en el lugar. Hay poco tiempo para buscar o entrenar.

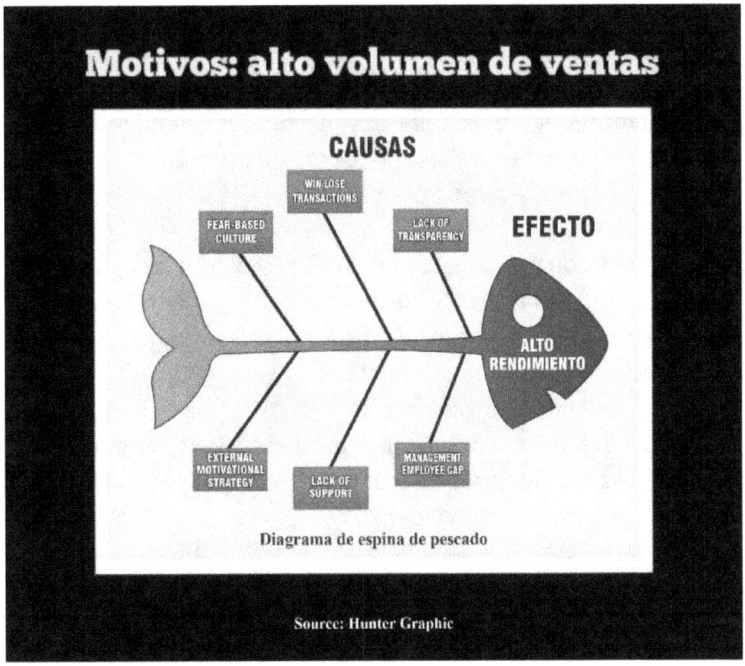

Un estudio realizado por MaxDigital sobre la industria automotriz revela que el 76% de los concesionarios han contratado personas sin ninguna experiencia automotriz. Mientras que el 62% dijo que incluso ha contratado personas sin ningún tipo de experiencia en ventas. Eso hace que sera aún más importante preparar a sus vendedores. Cuando están entrenados

y armados con toda la información que necesitan, se sienten más seguros y capacitados para desempeñarse bien.
Reportado por atrivity.com

Los vendedores a menudo se sienten marginados y sin importancia. Este sentimiento luego se traslada a los clientes. En un corto período de tiempo, los vendedores comienzan a preguntarse si quieren permanecer en su concesionario actual o salir del negocio de automóviles. Mientras tanto, a menudo dejan de preocuparse por hacer un buen trabajo, y su actitud se vuelve negativa. Esto hace que los compradores se vayan y luego denuncien al concesionario. Con los años, los clientes han desarrollado una desconfianza hacia los vendedores de automóviles. Los clientes y vendedores quieren ser tratados con respeto y valorados como personas.

Los concesionarios gastan más y más dinero en publicidad para comprar más tráfico. El problema con **Lote Trafico** es que a menudo resulta ser **Perder / Perder Transacciones**, donde el comprador no compra las personas no volverán. O el mejor escenario es una transacción de ganar / perder, donde el comprador compra el vehículo pero no tiene intención de regresar al concesionario. En promedio, el tráfico regular de lotes tiene una relación de cierre del 20%.
Referencia: el estándar de la industria varía entre 15% y 25%.

Los gastos aumentan a medida que los vendedores entran y salen. Los clientes no regresan ni refieren a sus familiares y amigos, ya que el personal de ventas siempre tiene caras nuevas. Los concesionarios ahora necesitan desarrollar una estrategia para expandir su base de clientes leales. Si bien algunos costos siguen siendo los mismos, los gastos de publicidad aumentan dramáticamente. Más de la mitad del presupuesto publicitario ahora se destina a la compra de clientes de Internet, lo que puede ser muy costoso y provocar la reducción continua del margen de beneficio.

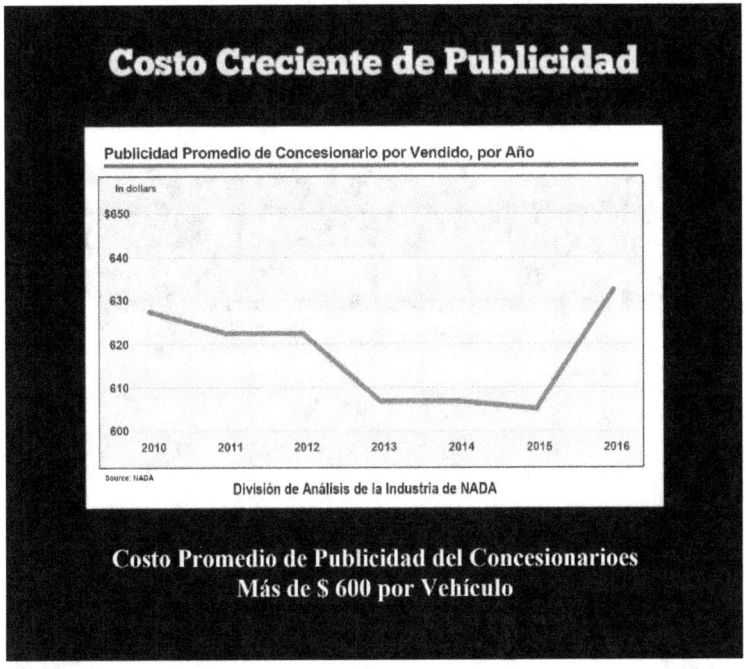

El porcentaje de margen de beneficio bruto de un nuevo precio de venta de vehículos alcanzó la marca baja del 2.5% en 2017. El margen de beneficio bruto en los concesionarios está en una disminución constante.
Informe de datos de NADA

NOTA PARA EL LECTOR

El mercado de ventas de automóviles de EE. UU. Ahora se ha estabilizado, sin embargo, **el Margen de Beneficio Bruto** está en una espiral descendente. Sin un cambio de dirección, sin duda habrá más concesionarios experimentando dificultades financieras en el futuro. El camino para enfrentar este desafío no radica en continuar aumentando el gasto publicitario, sino en crear un **_Nuevo Proceso de Ventas_** que resulte en clientes leales a través de las relaciones.

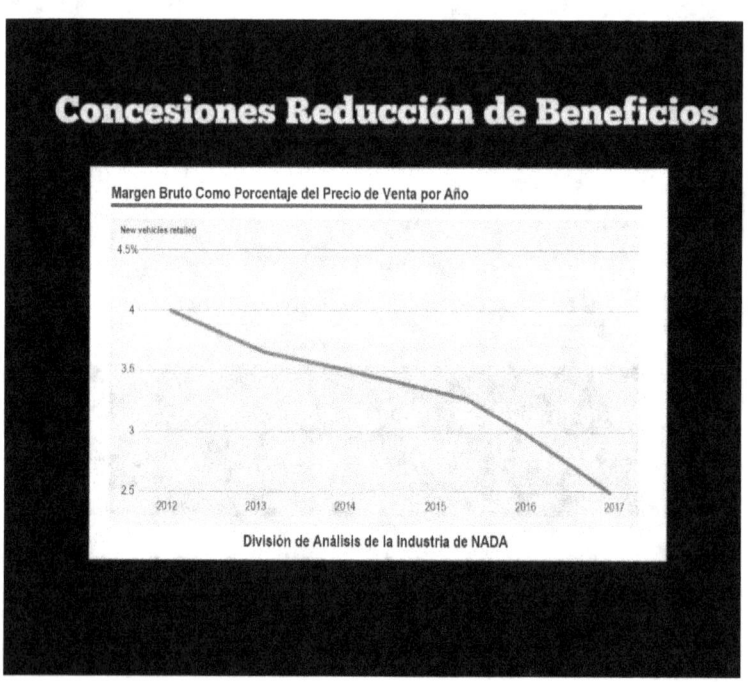

Otra causa de la disminución en el margen de beneficio es la duración del plazo de financiación, así como la resistencia del cliente al precio de lista. Para combatir esta situación, los concesionarios siguen reduciendo el costo al anunciar descuentos sustanciales. Una vez que entra el cliente, los vendedores están bajo presión para seguir "golpeando" al comprador para aumentar el precio. Esta es una práctica de manipulación para aumentar las ganancias.

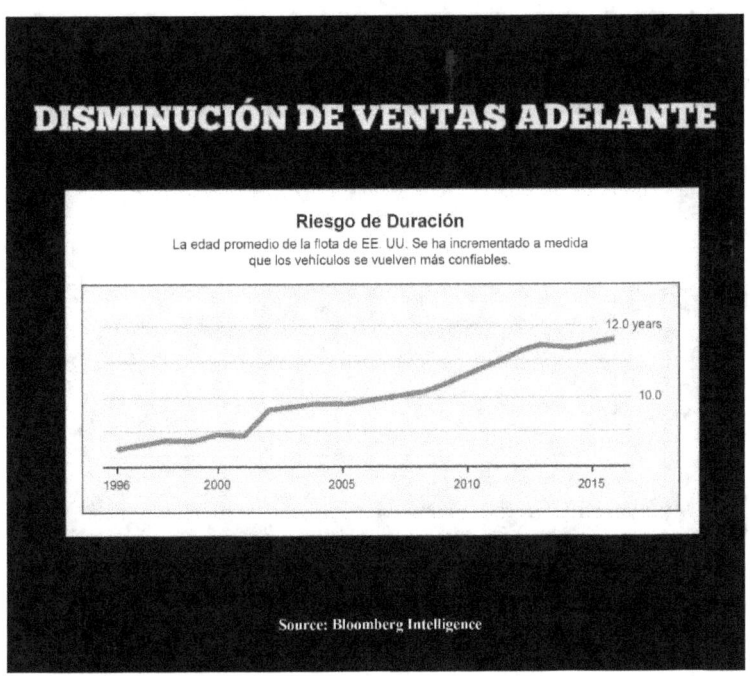

Infografía: bloombergintelligence.com

El 58% de los conductores esperan usar su vehículo actual hasta la última milla antes de comprar otro.
Reportado por oppmax.com

El ***Proceso de Ventas Actuales*** crea pequeñas ganancias a corto plazo en lugar de negocios repetidos y de referencia a largo plazo a partir de relaciones. El secreto para resolver todos estos problemas gira en torno a una cosa, y es la venta de relaciones.

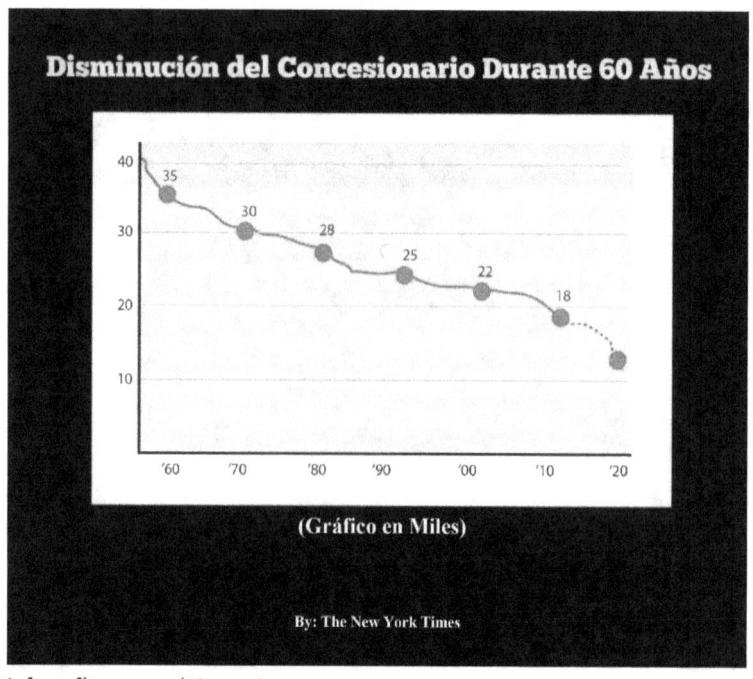

infografía: newyorktimes. Com

Actualmente, el **70%** más de las ventas de hoy provienen de **Lote Trafico** La estrategia de comercializacion aquí es hacer grandes gastos mensuales en publicidad en internet, televisión, radio, envíos por correo y grandes eventos en el concesionario. Todas estas campañas tienen un descuento enorme.

Una estrategia de los medios de comunicación se llama enfoque de escopeta para el comercializacion porque es impredecible.
"La mitad del dinero que gasto en publicidad se desperdicia; El problema es que no sé qué mitad.
b2bmarketing.net

Este escenario es solo algunos concesionarios. El escenario del ***Proceso de Ventas Actual*** es simple. Los vendedores esperan a que llegue ***Lote Trafico*** y luego se vuelve loco ver quién los recibe. Luego, un rápido ***Conocer y atender*** y luego descubra lo que preguntan los compradores. Luego llévelos directamente a un vehículo para una presentación rápida de características y beneficios. La unidad de demostración ahora es opcional. Una vez hecho esto, los vendedores llevan inmediatamente a los compradores adentro y comienzan a negociar. La estrategia es bajar el precio hasta que los compradores digan "sí" y luego comenzar a "Toparlos" para recuperar la mayor cantidad de dinero del comprador posible.

El ***Proceso de Ventas Actual*** es cuando los vendedores reciben muy poca capacitación personal de ventas personales.
Estática de un destacado entrenador de ventas

La mayoría de los vendedores se ven obligados a aprender en el trabajo que se inscribe en la mentalidad de "hundirse o nadar". El ***Proceso Actual de Ventas*** pone a los gerentes bajo una presión constante para presionar a los vendedores para que hagan tratos lo más rápido posible por cualquier medio posible.

El ***Proceso de Ventas Actual*** también se conoce como ***Proceso de Venta Transaccional*** porque el enfoque en la transacción, no La relación con el cliente. Este estilo del proceso de ventas es muy analítico y se basa en hechos y cifras concretas.

En el camino, los vendedores intentan evadir o evitar preguntas que planteen una oposicion. Las declaraciones impulsan el ***Proceso de Ventas Actual***, ya que están diseñadas para controlar la conversación, por lo tanto, controlan a los compradores. Los compradores son básicamente un espectador para mostrar.

Estos son algunos de los problemas con el **_Proceso de Ventas Actual_**.

> Effort El esfuerzo de ventas se centra principalmente en cerrar el tráfico de lotes.

> Sales Las ventas de tráfico de lotes producen un índice de cierre de aproximadamente 20%.

> Los cierres de tráfico de lotes generalmente producen una baja ganancia bruta.

> Typically, Normalmente no hay relaciones a largo plazo, hay poca lealtad del cliente.

> Estos problemas causan una falta de ingresos que conduce a una rotación extremadamente alta de vendedores de automóviles.

Incluso si el **_Proceso de Ventas Actual_** se ejecuta correctamente, solo aborda el "Qué" hacer. Cada vendedor debe descubrir su propio "cómo" hacerlo. Y muy pocos vendedores investigan el "por qué" lo hacen de esa manera.

En el **_Proceso de Ventas Actual_**, los vendedores pueden perder un tiempo valioso tratando de encontrar un entorno común. Las conversaciones entre vendedores y compradores a menudo no tienen nada que ver con resolver el problema del comprador que los llevó al concesionario. La mayoría de los vendedores no saben cómo o por qué involucrar a un comprador en **_una Conversación de Ventas Productivas_**. El problema es que la gerencia no brinda capacitación en esta área crítica.

En el *Proceso de Ventas Actual*, los vendedores tienden a apresurarse a través de la primera parte del proceso para que los compradores ingresen rápidamente para cerrar la transacción. El resultado es que los vendedores no desarrollan ningún conocimiento, comprensión o empatía hacia los problemas, la situación o las preocupaciones del comprador. Esta estrategia de no crear una relación puede hacer que las dos partes asuman una posición de confrontación al completar la transacción. Por lo tanto, muchas veces ambas partes pisan los talones y comienza la rutina. El problema radica en el hecho de que los vendedores no tienen a dónde ir sino bajar el precio. Desafortunadamente, muchas veces, los compradores están mejor preparados para la batalla que los vendedores.

La mayor queja del cliente con el *Proceso de Ventas Actual* es que los vendedores NO ESCUCHAN. Los vendedores están tan ocupados haciendo declaraciones en lugar de hacer preguntas. Terminan sin tener idea de qué problema está tratando de resolver el comprador. Los vendedores pasan la mayor parte de su tiempo vendiendo las características y los beneficios del vehículo. Los vendedores en general se preocupan más por su comisión de ventas que por sus compradores.

Es difícil construir una relación duradera o con personas de las que no sabes nada. El *Proceso Actual de Ventas* dificulta el seguimiento y la prospección. La mayoría de los vendedores dirán que no tienen tiempo para hacer un seguimiento, o inventan otras excusas, pero el verdadero problema es que no se han entrenado suficientemente en el desarrollo de relaciones.

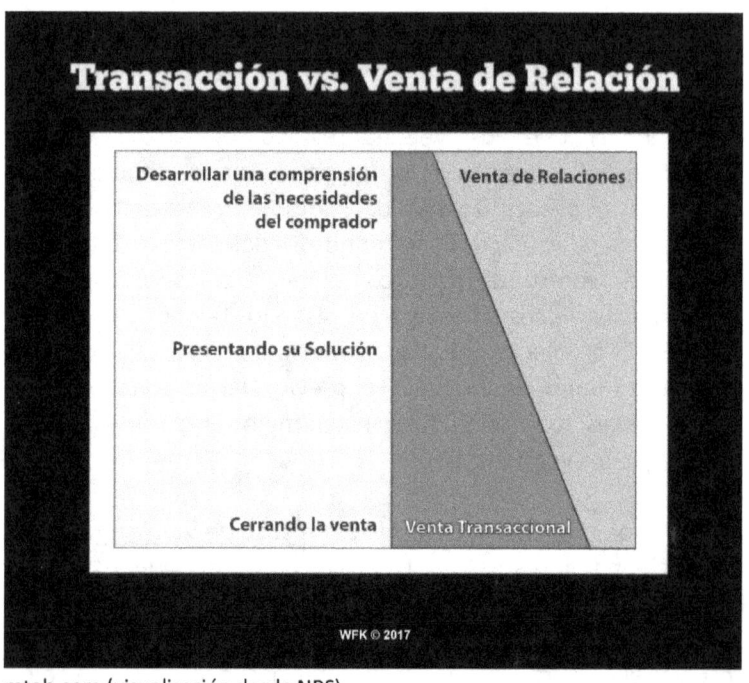

mtab.com (visualización desde NPS)

En el ***Proceso de Ventas Actual***, la presentación del vehículo se centra en las características y beneficios. Dado que los vendedores no entienden qué motiva a sus compradores, pasan su tiempo mostrando los nuevos y brillantes dispositivos en el vehículo, en lugar de concentrarse en resolver la preocupación principal de los compradores que los llevó al concesionario.

Omitir pasos en el ***Proceso de Ventas Actual*** no es productivo por los siguientes motivos:

> ➤ Muchas personas de ventas no siguen los ***Pasos en el Camino Hacia una Venta***: se saltan el ***Proceso de Entrevista, la Unidad de Demostración, la Caminata Comercial Silenciosa, el Cierre de Prueba, la Caminata de servicio*** y se apresuran a través de ***La Negociación***.

- Los vendedores no siempre tienen las respuestas y no quieren permitir que los compradores hagan preguntas que puedan conducir a una objeción. Los vendedores piensan que omitir los pasos evita los problemas del comprador.
- Los vendedores hablan rápido porque creen que mientras más rápido, hablan, más rápido pueden terminar la transacción. Y agarra otro comprador.
- Saltarse los pasos puede ser improductivo porque cuando los compradores se apresuran, pueden estar inseguros de su decisión y posponer la compra.
- Otra razón para omitir los pasos **en el Proceso de Ventas Actual** es que algunos vendedores no saben cómo manejar las preguntas de precios en el lote.

NOTA PARA EL LECTOR

Un gran contribuyente a los problemas en las transacciones de ventas proviene de que los vendedores no están capacitados adecuadamente sobre cómo manejar una inquietud del comprador.

El problema con los procesos basados en declaraciones es "decir no es vender". Las declaraciones se conocen como el enfoque de "ventas duras" para vender. En el **Proceso de Ventas Actual**, algunos vendedores tienden a usar declaraciones para presionar y manipular a los compradores para que vayan en una dirección específica. Las declaraciones también se utilizan para mantener el control de la conversación, y no permiten que los compradores participen en el proceso de ventas.

Cuando los vendedores no conocen las necesidades del comprador, están trabajando en la oscuridad. Esta falta de conocimiento hace que los vendedores carezcan de confianza. El enfoque basado en declaraciones del ***Proceso de Ventas Actual*** hace que los vendedores se muestren agresivos en lugar de asertivos.

En el ***Proceso de Ventas Actual***, la falta de transparencia entre los compradores y los vendedores hace que los compradores sientan que los vendedores están ocultando algo. Sin confianza, los compradores son más resistentes a avanzar en el proceso de ventas.

En el ***Proceso de Ventas Actual***, la falta de confianza lleva a los compradores a la falta de confianza. La falta de confianza conduce a una ***transacción de ganar*** / ***perder***. Esto puede terminar en un trato bajo bruto y un cliente descontento.

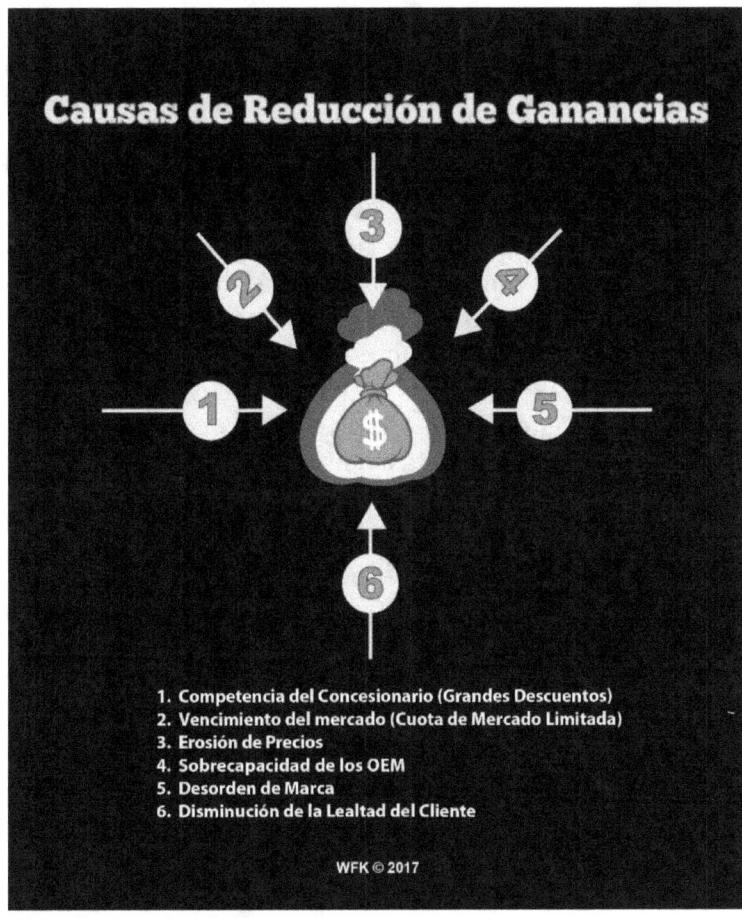

Infografía vino mirid de fuentes

Otro gran problema con el Proceso corriente de ventas es que los compradores ven a los vendedores y concesionarios como todos iguales.

Una de las peores estrategias de ventas en el ***Proceso de Ventas Actual*** es la esperanza. Los vendedores no quieren que los compradores se expresen porque podrían hacer una pregunta sobre algo o hacer una declaración que el vendedor no desea discutir. Los vendedores controlan la conversación con la esperanza de que todo salga bien. Si el comprador hace una pregunta, el vendedor a menudo simulará que no los escuchó, y simplemente continuará. Estos vendedores viven en el falso mundo de "Esperanza", que puede convertir la pregunta sin respuesta del comprador en una oposicion completa más adelante. Algunos compradores pueden sentirse excluidos del proceso de ventas y deciden irse, ya que esto se juega todos los días en los concesionarios de todo el país.

En el ***Proceso de Ventas Actual***, la puerta giratoria significa enviar compradores en su camino sin hacer una compra y sin construir una relación. La única información personal que los vendedores tienen sobre sus clientes es muy limitada si tienen alguna. Sin una relación, es difícil para los vendedores lograr que los compradores vuelvan al concesionario, por lo que la mayoría no se esfuerza demasiado.

El **72%** visitaría los concesionarios con mayor frecuencia si se mejorara el proceso de compra. (Autotrader)
Reportado por v12data.com

Capítulo Tres

Una Visión General de la Nuevo Proceso de Ventas

El **_Nuevo Proceso de Ventas_** requiere una nueva forma de pensar. En el **_Nuevo Proceso de Ventas_**, el enfoque cambia a la relación entre compradores y vendedores, no estrictamente la transacción. Este cambio de enfoque beneficiará a todas las partes involucradas. Construir relaciones es la clave para construir clientes leales a largo plazo.

El **_Nuevo Proceso de Ventas_** es impulsado por las relaciones, que se centra en construir una base de clientes grande y leal. Todos los vendedores a largo plazo desean aumentar su **_Esfera de influencia_** o las personas que conocen. Estas personas les gustan y los escuchan. Esta estrategia, con el tiempo, crea una gran base de clientes leales donde las presiones externas, como una economía débil, no interrumpen su flujo de clientes. La estrategia de involucrar a los compradores en el proceso de ventas ha funcionado para empresas exitosas durante años.

CITAR

"En el enfoque tradicional de ventas, el objetivo es hacer la venta, y ese es el punto final de la relación comprador / vendedor. Los vendedores se dieron cuenta de que la venta no es el punto final y, en muchas situaciones, tampoco es el objetivo final". En realidad, la venta es el comienzo de lo que muchas compañías buscan: una relación a largo plazo ".
linkedin.com

Con el proceso de ventas adecuado, crear una base de clientes leales y grandes es más rentable que tratar de obtener lo que puede hoy de personas que nunca volverá a ver. El **_Nuevo_**

Proceso de Ventas no cuesta más de lo que ya se gastó, pero creará más ventas y un 40% más bruto. La estrategia de marketing aquí es de boca en boca. Esta campaña de marketing es gratuita ya que una persona le cuenta a otra persona sobre una fantástica experiencia de compra de automóviles. Esta estrategia se llama marketing de rifle porque es personal e individual.

El tráfico repetido de clientes se cierra al 70 por ciento, con ganancias brutas un 40 por ciento más altas que las perspectivas típicas sin cita previa.

agent-entrepreneur.com

➢ El *Nuevo Proceso de Ventas* también se conoce como *Venta de Relación* y es la clave para clientes leales. Para empezar, los vendedores deben crear una relación a través de comunicaciones abiertas y honestas. La transparencia es esencial para generar confianza en una relación. Una vez que se forma una relación, los vendedores y compradores encontrarán más fácil avanzar en el proceso de ventas. Y cuando los compradores tengan una buena experiencia de ventas, los vendedores se beneficiarán de negocios repetidos y de referencia en el futuro. Los concesionarios se beneficiarán de las mayores tasas de ventas y de un aumento de las ganancias brutas. A continuación se enumeran algunos de los rasgos de carácter del *Nuevo Proceso de Ventas*.

➢ El *Nuevo Proceso de Ventas* se centra en la interacción entre compradores y vendedores en lugar de Detalles y precio del producto. Los vendedores se centrarán en lo que atrajo a los compradores a comprar en ese momento. No es suficiente decirle a los vendedores sobre el proceso. Deben aprender nuevas habilidades de comunicación y ventas. Cuando se practica, los vendedores ahora pueden comenzar a vender relaciones y estar en camino a una carrera exitosa en ventas de automóviles.

➤ Cuando los compradores hacen una inversión emocional basada en la relación, los compradores y los vendedores trabajan juntos para alcanzar un objetivo común que conduce a las ***Transacciones Ganar / Ganar.***

➤ El ***Nuevo Proceso de Ventas*** brinda a los vendedores el "Qué, cuándo, cómo y por qué" cuando se trata de usar estas habilidades de ventas y comunicación. Conocer el "Cómo y por qué" ayuda a los vendedores a retener más información más rápidamente y luego convertir ese conocimiento en habilidades de ventas. Esta nueva forma de venta permite a los vendedores separarse de la competencia al construir relaciones duraderas con sus compradores.

➤ El nuevo proceso está diseñado para que los vendedores pasen más tiempo creando una relación en el interfaz y menos tiempo y menos estrés para finalizar la transacción. Este proceso de ventas hace que el paso más difícil, finalizar la transacción, se convierta en un paso más. Esto es lo que se entiende por: "Trabaje de manera más inteligente, no más duro". Con menos estrés por tener más confianza, los vendedores confirmarán más transacciones mientras mantienen una mayor cantidad bruta.

Las relaciones sólidas con los clientes pueden:

- ➢ Gana lealtad del cliente
- ➢ Generar referencias de clientes
- ➢ Disminuir el costo publicitario
- ➢ Incrementar los márgenes de ganancia
- ➢ Disminuir la rotación del personal de ventas

Un enfoque nuevo a menudo puede crear una chispa que enciende a todo el departamento de ventas. Solo se necesita una persona para cambiar la forma en que las cosas existen hoy. La persona que comienza a crear relaciones duraderas utilizando el ***Nuevo Proceso de Ventas*** se convierte en un ejemplo para que los demás lo sigan. Con el tiempo, los otros vendedores notarán el éxito de esta persona y se unirán al Nuevo Proceso de Ventas. Con todos los vendedores trabajando en el ***Nuevo Proceso de Ventas***, el concesionario florecerá.

Información Adicional

Aquí hay una lista de algunos de los conceptos esenciales del ***Nuevo Proceso de Ventas***.

- ➢ Comprender la importancia del ***Valor del Cliente de por vida*** y cómo eso se traduce en dólares.
- ➢ Comprender el ***valor*** de los clientes habituales y referidos.
- ➢ Comprenda las ramificaciones positivas de los vendedores que exploran los problemas, las preocupaciones y la situación del comprador.
- ➢ Comprender la importancia de las presentaciones estructuradas.
- ➢ La fe es la piedra clave de todo esfuerzo humano.

Es fundamental que los vendedores de automóviles tengan una idea clara de lo que quieren lograr en cada paso del proceso. La claridad elimina la niebla que viene con la incertidumbre.

Los vendedores quieren entender el verdadero valor de un cliente. **_Valor del Cliente de por Vida_** es una predicción del beneficio neto atribuido al concesionario durante la vida de ese cliente. Comprender el **_Valor del Cliente de Por Vida_** de sus clientes puede significar la diferencia en el éxito o el fracaso del concesionario, especialmente en una economía débil. Existe una relación directa entre la tasa de rotación de los vendedores y la longevidad de los clientes. Una tasa de rotación alta afecta directamente el beneficio que se puede recibir de un **_Valor de Cliente de por Vida_** de una base de clientes leales. Es prácticamente imposible crear relaciones a largo plazo cuando existe una alta rotación en el personal de ventas.

La ventaja de los clientes habituales y referidos tiene muchos beneficios.

- La relación de cierre mucho más alta
- Longevidad de vendedores
- Mayores comisiones de ventas
- Incrementos en la ganancia bruta para el concesionario

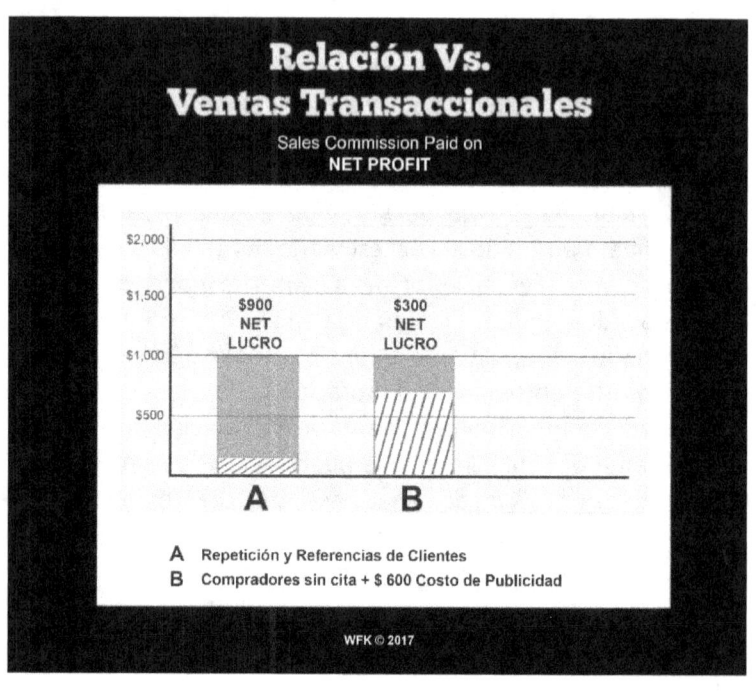

Esta infografía proviene de información recopilada de un artículo de agent-entrepreneur.com

El **_Nuevo Proceso de Ventas_** requiere un cambio de pensamiento para aumentar los ingresos y disminuir los gastos. El objetivo del **_Nuevo Proceso de Ventas_** es cambiar el enfoque del personal de ventas del tráfico directo a clientes habituales y referidos.

A. Repita, y los clientes de referencia tienen una relación de cierre del **70%** o máse históricamente producen una ganancia bruta **40%** mayor *
agent-entreprener.com

B. El tráfico sin cita tiene un índice de cierre de aproximadamente **20%** con un costo de **$600** más el costo de

publicidad por venta. Este grupo produce una ganancia bruta más baja porque no tienen una relación con los vendedores porque no los conocen o no confían en ellos.
NADA Annual Data Report.com

C. El objetivo del **_Nuevo Proceso de Ventas_** es aumentar el negocio de repetición y referencia, lo que aumentará las ventas y las ganancias.

ESTA ES UNA PORCIÓN DE UN ARTÍCULO DE INTERNET
por agent-entrepreneur.com

Se pone aún mejor porque casi no tiene gastos en generar estas ventas adicionales y la mayor ganancia bruta en cada uno de estos tipos de ventas. Los clientes habituales le pagan más porque ya saben, les gusta y confían en que es un buen concesionario para comprar. Además, sus gastos se reducen de aproximadamente
$500 *por rango de venta en publicidad y otros gastos a solo* **$25** *a* **$50** *por unidad de un proceso continuo de seguimiento y retención.*

Con la retención, vende más unidades y aumenta el importe bruto de cada una, sin gastos adicionales. Para ver eso en números en lugar de palabras, echemos un vistazo al típico concesionario de **100** *unidades con*
$2,500 *brutos por delante y por detrás que está gastando* **$40,000** *a* **$50,000** *en publicidad (o más en el mercado actual).*

El desglose de las ventas típicas de un concesionario es del 70 por ciento del tráfico sin cita previa de alto gasto, bajo bruto, difícil de cerrar, mientras que solo el 30 por ciento de su negocio proviene de bajo gasto, alto bruto, fácil de Repetición cercana, referencias y clientes del concesionario (servicio, repuestos y empleados).

Ahora: 100 unidades x **$2,500** = **$250,000** en ganancias brutas

Si usted es típico y este es su concesionario de **100** unidades, termina con un promedio de **$2,500** por unidad porque el **70** por ciento de las ventas **(70)** llegan a **$2,232** por unidad y solo **30** de sus ventas son **40** por ciento más altas a **$3,125** por unidad:

- **$156,250 (70%)** de los sin cita previa (bajo bruto)
- + **$93,750 (30%)** de clientes habituales (alto bruto)
- = **$250,000**
- ÷ **100** unidades
- **$2,500** promedio

Ahora, regresemos y veamos la diferencia que habría tenido la retención si ese hubiera sido su enfoque en lugar de gastar su dinero y tiempo tratando de atraer a una multitud de compradores de precios difíciles de cerrar.

Si se hubiera centrado en construir su negocio repetido a lo largo de los años en lugar de hacer publicidad, y ahora estuviera haciendo el **70** por ciento de sus ventas de clientes más altos y solo el **30** por ciento de los sin cita, los números se verían más así:

- **70** unidades repetidas @ **$3,125.00** = **$ 218,750**
- **30** unidades sin cita @ **$2,232.14** =   **$66,964**
- Total bruto = **$285,714**

"Bueno bruto" es bruto que genera sin gastar dinero extra para generar la venta o el bruto. Debido a que no hay otros gastos, una buena cantidad bruta envía todo menos la compensación de ventas y administración (alrededor del **40** por ciento) directamente al resultado final.

Entonces, a **$285,714**, ya que no tuvo que gastar más dinero para generar esos **$35,714** adicionales, aproximadamente el **60** por ciento se convertiría en una ganancia neta. Eso es **$21,428** a la red.

Y ese es solo el primer beneficio; el segundo es el dinero que ahorrará porque el costo por venta cae de **$500** por unidad en anuncios, etc. a **$50** por unidad para retener a esos clientes. Eso significa que ahorrará **$450** por unidad en **40** ventas repetidas adicionales por otros $ 18,000, que es un ahorro del **100** por ciento (ganancia pura).

$39,428 Beneficio neto adicional por mes sin gastos nuevos

Una pregunta común es si esos clientes habituales seguirán entrando si el mercado ha cambiado. La respuesta es: ¡absolutamente! Incluso si los ciclos de compra se alargan, alguien en su base de clientes repetidos ...

- ➢ Paga demasiado en mantenimiento y necesita un auto ahora.
- ➢ Necesita un auto ahora para sus hijos de secundaria / universidad.
- ➢ Yesterday Apenas destrocé su vehículo ayer y ahora necesita un auto.
- ➢ Tiene que negociar ahora porque su contrato de arrendamiento vence este mes.
- ➢ Solo quiere un vehículo y puede permitirse comprar uno ahora.

Incluso si no aumentó el volumen en una sola unidad, si concentra el 95 por ciento de su atención en retener a sus clientes, todavía estaría ganando **$39,248** adicionales por mes (**$473,136** por año). Desafortunadamente, en lugar de aprender a *administrar un crecimiento constante año tras año, la mayoría de los concesionarios y gerentes se enfocan en llenar sus lotes con compradores caros, difíciles de cerrar, de bajo ingreso bruto y de precio.*

Vaya, tenemos un problema: no puedes administrar lo que no supervisas. Con demasiada frecuencia, en la mayoría de los concesionarios no hay seguimiento que le proporcione el desglose del tráfico de piso (oportunidades) por tipo de cliente (sin cita, repetición, referencia, devolución, clientes de servicio, teléfono e Internet).

¿Por qué eso importa? Porque si cada concesionario solo realiza un seguimiento de sus ventas y de los ingresos brutos de cada grupo, inmediatamente se darían cuenta de que el tráfico directo es su peor fuente de negocios, y todos los otros grupos son sus mejores fuentes de negocios.

Si no realizan un seguimiento y no comprenden estas diferencias, no tienen el objetivo de aumentar su negocio a sus fuentes de negocio menos costosas, más fáciles de cerrar y más rentables que continuarán comprando en cualquier tipo de mercado ...

- *Incrementos en ventas de unidades*
- *Incrementos brutos*
- *Cuatro veces más vueltas*
- *Docenas de ventas adicionales a través de citas telefónicas e Internet, prospección, retención*

¡Puedes crecer en cualquier momento que quieras! Pero no puede crecer en absoluto si no está dispuesto a hacer cambios en la forma en que administra y cómo vende.

El punto es comenzar hoy usando el ***Nuevo Proceso de Ventas*** para ayudar a su concesionario a comenzar a cambiar su enfoque hacia la creación de clientes recurrentes / referidos en lugar de depender únicamente del tráfico de entrada. Iniciar el ***Nuevo Proceso de Ventas*** puede ser la primera señal de que un concesionario toma en serio cambiar su departamento de ventas para comenzar an enfocarse en clientes más rentables.

Algunos de los beneficios del ***Nuevo Proceso de Ventas*** se muestran en la siguiente infografía. Estos beneficios mejoran la experiencia de compra para clientes, vendedores y concesionarios.

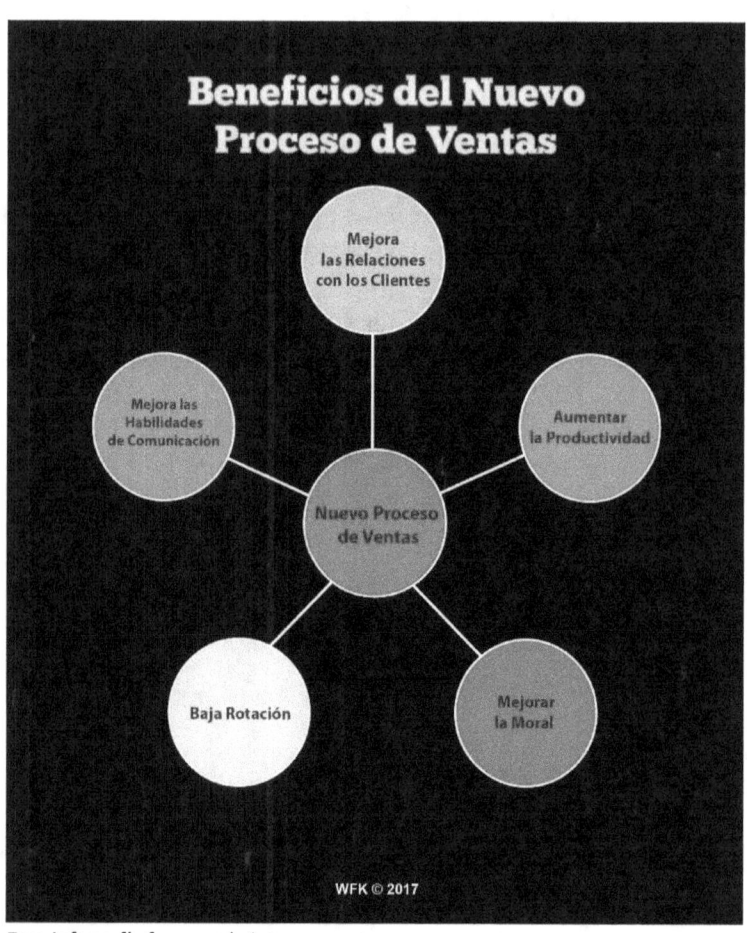

Esta infografía fue creada internamente

- ➢ Resolver los problemas del comprador crea la base para una excelente experiencia del cliente. Esto sucede porque ...
- ➢ Conocer los problemas del comprador ayuda a los vendedores y compradores a enfocarse en la resolución de su situación y preocupaciones.

- ➤ Dirige a vendedores y compradores al mejor vehículo y opciones
- ➤ Allows Permite a los vendedores personalizar una presentación para resolver los problemas de los compradores.
- ➤ Ayuda a los vendedores a estimular las emociones de emoción de los compradores, ya que los compradores se sienten en control y no presionados o excluidos

Gives Brinda información a los vendedores para respaldar la decisión de inversión del comprador más adelante en el proceso

La venta de automóviles es un arte, y se basa en hacer preguntas bien elaboradas en el momento adecuado. Las conversaciones de vendedores y compradores deben fluir como si hubieran sido amigos durante años.

Hay varios tipos diferentes de presentaciones en el **Nuevo Proceso de Ventas**, como se indica a continuación:

- ➤ **Conversación de Ventas Productivas** (nuevo proceso)
- ➤ Presentación del vehículo (proceso actual)
- ➤ **Justificación de la Concesión Comercial** (nuevo proceso)
- ➤ Propuesta de concesionario (proceso actual)
- ➤ **Resumen del Valor Percibido** (nuevo proceso)
- ➤ Presentación de entrega (proceso actual)

Hay muchas características críticas en el **Nuevo Proceso de Ventas**. Antes de cubrir los objetivos de una presentación de calidad, hay un par de sugerencias previas ejercicios de presentación que pueden marcar una diferencia en cómo se sentirán cómodos los vendedores cuando usen el **Nuevo Proceso de Ventas**. Una excelente presentación incluye hacer **Preguntas**

Bien Elaboradas, que requieren la ejecución adecuada del contenido, el tiempo, la claridad y la brevedad.

Aquí hay dos ejercicios que pueden ayudar a los vendedores a estar más preparados para dar una presentación bien estructurada.

> ➢ Primero, los vendedores quieren crear un plan de preguntas para lo que quieren preguntar al comprador. Los vendedores también deben estar preparados para las preguntas que los compradores puedan hacerles. Cuanto mejor sea el plan de ventas, más eficientemente lo ejecutarán.
> ➢ Segundo, es conceptualizar o "Enmarcar", lo que significa crear una presentación organizada. Debe haber una progresión paso a paso para que los vendedores la sigan y transmitan el mensaje correcto en el momento adecuado.

El ***Valor Futuro*** es un beneficio que se disfrutará en un momento en el futuro. También brinda a los vendedores influencia cuando seleccionan un vehículo, hacen una presentación del vehículo, dan un ***Resumen del Valor Percibido*** y confirman una transacción. Una vez que los compradores entienden el ***Valor Futuro***, tienden a ser menos resistentes y tienen un mayor sentido de urgencia para realizar la compra ahora. Los vendedores no tienen que seguir bajando el precio para confirmar la transacción. El trabajo del vendedor es educar a los compradores, para que tengan información para venderse. El trabajo de un vendedor es utilizar la emoción y lógica al explicarle al comprador que el ***valor*** del vehículo vale mucho más que el costo.

El nuevo capital empresarial se conoce como **Capital Relacional.** Es la ventaja competitiva predominante de las empresas. Las empresas de hoy comienzan a comprender que la ventaja competitiva de un negocio radica en la lealtad de sus clientes. En **Relational Capital**, las personas son el resultado final: el activo más valioso en la cartera de un concesionario de automóviles. Este activo se conoce como "Buena Voluntad".

Sugiero que los concesionarios de automóviles que utilizan el **Nuevo Proceso de Ventas** mantengan una mente abierta y encuentren nuevas formas de incorporar tecnología en su plan de ventas de base.

Aquí hay un ejemplo tomado de un artículo "Cars.com, Persona de venta Connect: Servicio de citas para compradores de automóviles"
forbes.com

Si puede encontrar a su futuro cónyuge en línea, debería poder elegir a su vendedor de automóviles de esa manera. Ese es el pensamiento detrás de Persona de venta Connect de **Cars.com**, *un servicio ampliado y mejorado recientemente que ofrece a los compradores de automóviles una visión instantánea de los vendedores de los concesionarios. En lugar de ser emparejado con un vendedor a la antigua usanza, por pura casualidad, la iniciativa del sitio de compras de terceros permite a los compradores elegir al vendedor con el que quieren hacer negocios en función de las opiniones e información personal de ese vendedor. El objetivo es crear un vínculo entre el cliente y el vendedor que cambie la naturaleza de todo el proceso. Las primeras indicaciones son que está funcionando.*

"Lo que estamos viendo en todos los ámbitos es una tasa de cierre más alta", dijo Dave Domm, director de producto de **Cars.com***, con sede en Chicago. "La tasa es un* **89%** *más alta para*

aquellos que están aprovechando la Persona de ventas estan Connectados como deberían ser, y están cerrando un **15%** más rápido. Esas son estadísticas realmente convincentes ".

Un estudio reciente mostró que las personas que investigaron en Internet todavía prefieren la comunicación personal entre los vendedores y ellos mismos. La comunicación personal ayuda a los compradores a relajarse mientras hablan con un vendedor profesional para verificar lo que aprendieron en Internet. Internet solo puede indicar hechos, mientras que la emoción y la emoción provienen de los vendedores que demuestran el vehículo. La confianza se establece entre los compradores y vendedores mientras trabajan juntos para lograr sus objetivos mutuos.

El ***Nuevo Proceso de Ventas*** ofrece a los vendedores el tiempo inicial para que los compradores participen en el proceso. El resultado positivo de una relación entre las dos partes no reduce el precio, pero disminuye la resistencia del comprador al precio a la hora de confirmar la transacción.

El **67%** confía en que el concesionario les dio el mejor trato. Esto se puede aumentar mediante compras simples, sin presión y precios transparentes.
Reportado por coxautoinc.com

Cambiar el proceso ... Cambiar el resultado

NOTA PARA EL LECTOR

Esta parte del capítulo está dedicada a una historia que ilustra cómo un cambio en el proceso impactó a una industria de 100 años y cómo y las similitudes de este proceso cambian a lo que estoy proponiendo a la industria de ventas de automóviles.

Se trata de un proceso llamado Sabermetrics, y cómo cambió la forma en que la gerencia cambió la forma en que veían el juego de béisbol. El enfoque del proceso Sabermetrics es muy simple ya que se enfoca en llevar a un bateador a la primera base, punto. Si un equipo de béisbol logra este objetivo suficientes veces en un juego de béisbol, las posibilidades de ganar el juego aumentan significativamente. Un equipo de béisbol que usa este proceso busca principalmente jugadores que otras organizaciones no consideren valiosas porque no son completos, lo que significa muy bien en todas las habilidades.

Utilizando el proceso Sabermetrics, el equipo de béisbol buscó jugadores principalmente porque pueden llegar a la primera base más que otros jugadores. Para una pequeña franquicia de béisbol, estos jugadores son asequibles. Luego, los entrenadores se centran en desarrollar los puntos débiles de los jugadores para que puedan convertirse en un mejor jugador de béisbol en general.

El **_Nuevo Proceso de Ventas_** que utiliza la **_Venta Relacional_** puede cambiar la forma en que se venden los automóviles. Aquí hay un ejemplo que compara los dos procesos.

Ni el juego de béisbol ni la **_Industria de Ventas de Automóviles_** no han cambiado mucho en los últimos cien años. El proceso de Sabermetrics no cambió las reglas del juego del béisbol, pero sí cambió la forma en que la gerencia evaluó, entrenó y **_Valoró_** a sus jugadores. Se puede lograr un efecto similar en la **_Industria de Ventas de Automóviles_** utilizando el **_Nuevo Proceso de Ventas_**.

NOTA PARA EL LECTOR

El **_Nuevo Proceso de Ventas_** puede hacer para la **_Industria de Ventas de Automóviles_** lo que Sabermetrics hizo para el juego de béisbol en las áreas de reclutamiento, motivación, capacitación y apoyo a los vendedores. En cada caso, el objetivo es el mismo, y es aumentar una base de clientes leales.

El proceso de Sabermetrics se ilustra en la película Moneyball, en la que Brad Pitt interpreta a Billy Beane, el gerente general de los Atléticos de Oakland. Billy se atrevió a probar este nuevo proceso (Sabermetrics) y, al hacerlo, ayudó al equipo de béisbol de Oakland A a ganar **20** juegos consecutivos en **2002**. El récord rompió la mejor racha de **1947** consecutivos de los Yankees de Nueva York en **1947**. Los Medias Rojas de Boston comenzaron a usar el mismo proceso el año siguiente y en **2004** ganaron la Serie Mundial por primera vez desde **1918** cuando cambiaron a Babe Ruth a los Yankees de Nueva York.

l estos dos procesos (Sabermetrics y **_Nuevo Proceso de Ventas_**) son similares en el sentido de que si un bateador llega a la primera base, está en una posición más favorable para anotar una carrera. Si un vendedor puede construir una relación con un comprador, entonces él o ella está en una posición más favorable para finalizar una transacción. En el nuevo proceso de ventas, los concesionarios quieren contratar vendedores que sean muy personales y puedan crear una relación inmediata con los compradores. Entonces es responsabilidad de la gerencia ayudarlos a perfeccionar sus habilidades de ventas y comunicación para convertirse en un profesional de ventas de automóviles completo.

Capítulo Cuatro

Primera Parte del Nuevo Proceso de Ventas

NOTA PARA EL LECTOR

Los siguientes ocho capítulos se basan en el camino hacia una venta, pero con algunas revisiones. Hay secciones clave de ventas y comunicaciones que se centran en construir relaciones con los compradores, para que se conviertan en clientes de toda la vida.

Conoce y Saluda

El proceso comienza con un ***Conoce y Saluda*** donde los vendedores dan la bienvenida a los visitantes al concesionario. Los compradores, después de conocer a nuevos vendedores, los perciben como novatos o profesionales. Los vendedores serán juzgados por su vestimenta, habla, conocimiento y lenguaje corporal. Los vendedores quieren construir credibilidad inmediatamente con los compradores, ya que la mayoría de los compradores que se van temprano lo hacen después del ***Conoce y Saluda***. Los vendedores quieren mantener un buen contacto visual mientras saludan a cada miembro de la fiesta. Quieren más que nada tener una actitud positiva. Las preguntas conducen el proceso de ventas desde Meet & Greet a través del seguimiento.

AQUÍ HAY UN EJEMPLO

USTED: "Hola, mi nombre es (nombre del vendedor) y usted lo es". No pregunte: "¿Puedo mostrarle algo?" Porque la respuesta probablemente sea: "No, gracias, solo estamos mirando".

Es fundamental que los vendedores recuerden los nombres de los compradores. Usar el nombre de una persona es la clave para desbloquear la primera puerta en la construcción de una buena relación. Usar el nombre de una persona crea una conexión y es una forma de reconocimiento y respeto. Hacer esta cosa simple hace que las personas se sientan especiales.

Cheque de Skate

Una **_Verificación de Skate_** es cuando los vendedores preguntan a los compradores para ver si han trabajado previamente con otro vendedor. Este procedimiento es esencial ya que crea credibilidad instantánea con los compradores. Muestra a los compradores que este vendedor tiene integridad. Así es como puede sonar eso.

AQUÍ HAY UN EJEMPLO

Usted: "¿Están aquí para ver a alguien?" O "¿Es esta su primera visita a nuestro concesionario?"

Esta acción muestra a los compradores que los vendedores de este concesionario son abiertos, honestos y transparentes. **_Cheque de Skate_** ayuda a los compradores a creer que los vendedores y el concesionario tienen integridad, lo que los hace confiables.

NOTA PARA EL LECTOR

Para ayudar a evitar problemas, la gerencia debe crear, imprimir, publicar y aplicar un procedimiento formal de **_Cheque de Skate_**. Este documento debe detallar las reglas exactas cuando se trata de trabajar con compradores sin cita previa.

Lista de Deseos del Comprador

Una **_Lista de deseos_** es una lista de cosas que los compradores piensan que quieren en su próximo vehículo. Los vendedores necesitan poner en contacto al comprador con tranquilidad al permitirles tomar todo el tiempo que quieran expresar su **_Lista de deseos_**. Los vendedores ya saben que puede haber una gran diferencia en lo que las personas dicen que quieren y lo que terminan comprando. Muchas cosas pueden cambiar y cambian a medida que las personas comienzan a comprar en un lote de automóviles.

La Lista de deseos ayuda a lograr:

Les permite a los vendedores saber que los compradores los están escuchando
les permite a los compradores saber que tienen el control de la conversación
Helps ayuda a los compradores a expresar qué características generales y rango de precios están buscando

El **_Nuevo Proceso de Ventas_** tiene que ver con el cliente. Cuando las personas sienten que están a cargo, comienzan a relajarse y a sentirse más cómodas en un ambiente extraño. Este paso se logra mejor si el vendedor hace preguntas de "Cualquiera / O".

AQUÍ HAY UN EJEMPLO

USTED, "Bob, ¿están buscando un vehículo nuevo o usado?" Entonces el vendedor puede hacer una serie de preguntas como ... Marca y modelo, cargado o básico, 4 o 2 puertas,

NOTA PARA EL LECTOR

También hay una gran diferencia entre un deseo y una necesidad. Una necesidad que queda insatisfecha causa una consecuencia negativa. Por otro lado, un deseo es una emoción interna, y también se puede llamar un deseo. Si no se cumple, la persona puede reemplazarlo con otro deseo en poco tiempo.

QUÍ HAY UN EJEMPLO DE UNA "NECESIDAD"

Las ***Necesidades*** se basan en la lógica, como las personas necesitan transporte básico.

AQUÍ HAY UN EJEMPLO DE UN "DESEO"

Los ***Deseos*** se basan en la emoción. La gente puede ***Querer*** un vehículo nuevo porque refuerza y refuerza su propia imagen. Los vendedores no deben subestimar los ***Deseos*** ya que pueden ser motivadores poderosos. La gente quiere sentirse exitosa, realizada e importante. Estos rasgos tienden a hacer que las personas gasten más de lo previsto al comprar un vehículo nuevo.

Capítulo Cinco

Segunda parte de la Nuevo Proceso de Ventas Centrándose en la Información

Centrarse en los compradores significa concentrarse en los problemas del comprador. Los vendedores quieren comprender la situación y las preocupaciones del comprador, por lo que les prestan toda su atención y empatía. El *Nuevo Proceso de Ventas* consiste en poner a los compradores primero. Una vez que esto se logra, el producto se vende solo.

En este punto, los vendedores comienzan a dejar de hablar sobre el producto para comenzar a centrarse en los propios compradores. Ahora, es el momento para que el vendedor involucre a los compradores en una conversación más personal.

Los vendedores comienzan este proceso haciendo una *Pregunta de Verificación de Temperatura*. Esta pregunta se hace de manera muy informal sin interrumpir el flujo de la conversación. Los entrevistadores profesionales, así como la policía, usan esta táctica cuando quieren que las personas se relajen y divulguen más información personal.

Aquí hay un ejemplo de una conversación introductoria ligera que cambia de marcha y puede proporcionar al vendedor una gran cantidad de información sobre dónde se encuentra mentalmente el comprador. Esto comienza cuando un vendedor se detiene, hace un buen contacto visual y luego hace una pregunta lentamente. La estrategia aquí es frenar las cosas después del pasos genéricos de inicio y tiempo para pasar a un nivel más personal centrado en los compradores.

Aquí hay un ejemplo

USTED: "Bob, ¿cómo va tu día?

Es mejor hacerle una pregunta al comprador masculino, ya que no requiere ningún compromiso y puede responderse en pocas palabras.

La mayoría de las personas están más que listas para hablar sobre dos cosas, ellas mismas y las cosas que les benefician, como ahorrar dinero. No importa cómo responda el comprador a la pregunta, ya que su actitud y lenguaje corporal dicen mucho sobre dónde se encuentran mentalmente en ese momento.

Si es una pareja, la siguiente pregunta se dirige mejor a la mujer. En general, las mujeres son más propensas a responder preguntas o preguntas relacionadas con temas más personales como sentimientos y emociones o temas relacionados con la familia.

AQUÍ HAY UN EJEMPLO

Tú, "Sally, si no te molesta, ¿qué te llevó a comprar autos hoy?

NOTA PARA EL LECTOR

Si los compradores entablan una conversación, los vendedores pueden hacer la siguiente pregunta personal, que es saber qué los motivó a comenzar a comprar en este momento. La conversación que se produce ahora se llama **Conversación de Ventas Productivas**.

Algunos compradores son distantes y no están listos para entablar una conversación. En ese caso, el personal de ventas puede utilizar una técnica de ventas llamada **_Elevar la Curiosidad de los Compradores_**. La estrategia de ventas aquí es lograr que los compradores soliciten más información al vendedor. Los vendedores deben ofrecer información que pueda ahorrarles dinero a los compradores. Incluso cuando los compradores solicitan más información, entra en juego una regla básica de venta ... "Siempre obtenga información antes de dar información".

NOTA PARA EL LECTOR

Estos tres capítulos están dirigidos a usted, el vendedor, y están escritos en segunda persona.

EJEMPLO No. 1

USTED: "Amigos, en este concesionario, los vendedores quieren ayudar a los compradores a encontrar el vehículo adecuado, no solo el más caro, o los que han estado sentados en el lote durante mucho tiempo (por lo que el concesionario ha ofrecido un bono para deshacerse de él) ellos)."

EJEMPLO NO. 2

USTED: "Amigos, trabajo con muchos (compradores por primera vez, militares, jubilados, personas que recién obtienen un vehículo por primera vez, etc.) a veces puedo ahorrarles algo de dinero".

Bob, "¿Cómo es eso?"

USTED: "Funciona así, les hago un par de preguntas simples para que pueda comprender mejor su situación. A veces puedo ofrecerles algunas opciones menos costosas que pueden no haber considerado. La información ha demostrado ahorrar el tiempo y el dinero de mis clientes. La mayoría de los vendedores de hoy no quieren pasar el tiempo aprendiendo sobre sus clientes, pero disfruto ayudando a la gente.

EJEMPLO NO. 3

USTED: "Amigos, me complacerá mostrarles dónde se encuentra ese tipo de vehículo que están buscando. Si lo desea, me complacerá compartir con usted varias cosas a tener en cuenta al comprar cualquier vehículo nuevo o usado. He descubierto que si ayudo a mis clientes, les devuelven el favor al regresar y remitir a sus familiares y amigos ".

NOTA PARA EL LECTOR

Hay una gran cantidad de información en Internet sobre cómo los compradores de automóviles ahorran dinero, así como las cosas en concesionarios sin escrúpulos.

EJEMPLO NO. 4 4

USTED: "Amigos, muchos de mis clientes me dicen que cuando van a comprar un automóvil, los vendedores ni siquiera los escuchan. El resultado fue que no siempre tomaron la mejor decisión de compra. Quiero que mis clientes exploren todas las opciones y obtener el vehículo adecuado, para que tengan una experiencia de compra agradable y regresen y me envíen a sus amigos y familiares.

NOTA PARA EL LECTOR

En el **Nuevo Proceso de Ventas**, ahorrar dinero a los compradores significa seleccionar el vehículo correcto con las opciones correctas, que se ajuste a su presupuesto, sin recortar el precio.

Descargo de responsabilidad: Las siguientes declaraciones provienen de observaciones generales y no tienen la intención de ofender a nadie por referencia a un sexo en particular, pero solo se dan aquí para ayudar a guiar a los vendedores a hacer observaciones de los comportamientos de los compradores individuales. Es esencial que los vendedores comprendan que los requisitos de hombres y mujeres en el transporte son diferentes.

*Por lo general, el hombre se preocupa por las necesidades de mantenimiento del vehículo. La mujer generalmente busca comodidad, apariencia y, sobre todo, seguridad para la familia. Cuando se trata de una compra familiar, la mujer generalmente tiene la última palabra. Deben satisfacerse las **necesidades** de hombres y mujeres para llegar a una conclusión exitosa de la transacción.*

Capítulo Seis

Tercera Parte del Nuevo Proceso de Ventas
Selección de Vehiculo

La experiencia me ha demostrado que muy pocos vendedores saben cómo hacer una entrevista profesional con el comprador. Hay una relación de desarrollo de habilidades. Esto requiere involucrar a los compradores en una **_Conversación de Ventas Productivas_** que identifique la verdadera motivación del comprador para comprar en ese momento.

Una **_Entrevista con el Comprador_** en el **_Nuevo Proceso de Ventas_** es una fase de recopilación de información para que los vendedores puedan evaluar mejor las necesidades, preocupaciones y situación de transporte del comprador. El objetivo de este proceso es educar tanto a vendedores como a compradores arrojando luz sobre la motivación profundamente arraigada del comprador para comprar en ese momento.

En el **_Proceso de Ventas Actual_**, los compradores entran con una lista de las cosas que **_Desean_** en un vehículo. Estos **_Deseos_** están cambiando continuamente porque muy pocos compradores se preguntan qué los motiva a comenzar a comprar en ese momento.

En el **_Nuevo Proceso de Ventas_**, la entrevista al comprador descubrirá el **_Problema_** que el comprador desea resolver comprando otro vehículo. Los vendedores quieren "sumergirse más profundamente" hasta que descubran la **_Preocupación Central_**. La **_Preocupación Principal_** es la posible consecuencia negativa que el comprador teme que suceda si no actúa para resolver este problema. La entrevista al comprador es un proceso educativo en el que los vendedores arrojan luz sobre la "_**Necesidad**_" o el "_**Deseo**_" que comenzó a comprar a estos compradores.

Es valioso que los vendedores aprendan todo lo que puedan sobre la situación de transporte de un comprador. Aquí hay una analogía que es una manera fácil de pensar sobre el _**Proceso de Entrevista**_.

AQUÍ HAY UN ANECDOTO

Es como ir a una cita a ciegas y descubrir que la otra persona es muy atractiva y que quieres saber más sobre ella. Después de conocer a la persona, desea que se relaje mientras hace preguntas durante una conversación para aprender todo lo que pueda sobre ella. En este punto de la fecha no tienes prisa, y esperas cada palabra y te ríes de cada pequeño chiste. Esperas que este sea el comienzo de una relación. A medida que la relación se desarrolla, desea conocer a su familia y amigos y, con suerte, impresionarlos. A medida que la relación crece con el tiempo, te conviertes en el "hombre de referencia" cuando se trata de tomar una decisión de compra sobre el negocio en el que estás.

Los compradores comienzan a comprar para cambiar de vehículo por una de dos razones:

> Están tratando de evitar una consecuencia negativa.
> O quieren avanzar hacia una situación más favorable.

La clave para una entrevista exitosa con el comprador es que los vendedores hagan preguntas a _**Preguntas Bien Elaboradas**_. Estas preguntas deben ser pensadas, planificadas y construidas con un propósito directo en mente. Estas preguntas deben estar diseñadas para recopilar información específica. Las ***Preguntas Bien Elaboradas*** pueden estimular, extraer y guiar una conversación. Las ***Preguntas Bien Elaboradas*** muestran a los compradores que este vendedor es un profesional y no está allí para perder su tiempo. La estrategia es aprender más sobre los compradores para que los vendedores estén en una mejor posición para educar a los compradores a medida que avanzan en los pasos de selección y presentación.

Una ***Conversación de Ventas Productiva*** involucra a los compradores en el proceso y transmite de inmediato la idea de que los vendedores están interesados en ellos personalmente. Los vendedores profesionales saben que el camino hacia una venta no es decir sino escuchar y hacer preguntas. Cada paso en el ***Nuevo Proceso de Ventas*** requiere que los vendedores hagan las preguntas correctas en el momento correcto.

NOTA PARA EL LECTOR

Cuanto más tiempo pasen los vendedores con los compradores en el lote, participando en una ***Conversación de Ventas Productivas***, mayor será el índice de cierre y mayor será la ganancia bruta. Según la experiencia de los autores, si los vendedores dedican una hora o menos en el lote con los compradores, la relación de cierre promedio es de aproximadamente **6%**, pero si los vendedores pasan un promedio de dos horas o más en el lote con los compradores, la relación de cierre promedio está más cerca al **60%**. La lección aquí es que a los compradores no les importa pasar más tiempo en el lote si la conversación gira en torno a algún beneficio para ellos. Por lo tanto, reduzca la velocidad y cree una relación y el dinero se tomará solo.

Los vendedores pueden perder mucho tiempo buscando un terreno común en una conversación general que intente establecer una buena relación. En el **_Nuevo Proceso de Ventas_**, los vendedores no quieren tener una discusión genérica sobre las cosas en general, sino una **_Conversación de Ventas Productivas_** sobre lo que comenzó a comprar a estas personas en este momento. En cambio, la estrategia es entrevistar al comprador sobre lo que los hizo comprar en este momento. La entrevista al comprador es la base del resto del proceso de ventas. Este tipo de conversación debería determinar las **_Necesidades_** del comprador, que son **_Deseos_** (deseos).

Aquí hay una lista de problemas que pueden surgir al tratar de encontrar un terreno común:

> La gente no quiere perder su valioso tiempo hablando de algo insignificante. ¡Quieren resolver un problema! Por eso están ahí.
> Quieren hablar sobre lo que es importante para ellos, como ahorrar dinero.
> Los nuevos vendedores tienden a tropezar en busca de un tema en el que encontrar un terreno común con el comprador. Los compradores pueden inquietarse y desear seguir adelante, o sucede lo contrario, y entablan una larga conversación sobre algo que no tiene nada que ver con por qué están en el concesionario. Entonces los compradores se quedan sin tiempo y deben irse.

Una **_Conversación de Ventas Productiva_** tiene cuatro funciones esenciales.

> **La Primera Función** es donde los vendedores quieren descubrir la razón por la cual los compradores están comprando en ese momento. Esta razón se llama el

Problema. Si los vendedores lo solicitan, los compradores expresarán lo que les preocupa sobre su vehículo actual. Los vendedores comienzan este proceso con preguntas que se entrelazan hábilmente en la conversación. No permiten que la entrevista se convierta en un interrogatorio, o de lo contrario, los compradores se sienten incómodos. Una habilidad de comunicación importante es lograr que los compradores comiencen a hablar sobre sí mismos. Los compradores quieren más que nada ser escuchados y entendidos. Estas preguntas de información personal deben fluir en la conversación general sin problemas como si dos viejos amigos estuvieran chateando. La única forma de hacer esto profesionalmente es haber ensayado previamente estas habilidades de comunicación. A medida que los compradores hablan de sí mismos y de sus problemas, comienzan a relajarse y a sentirse más cómodos de que alguien escuche y comprenda su situación.

➢ **La Segunda Función** es utilizar preguntas bien elaboradas para profundizar aún más y descubrir lo que los compradores temen que suceda si no corrigen este problema. La vulnerabilidad es una buena ventaja cuando se solicita a los compradores que compartan información personal. Este tema se llama la ***Preocupación Central***. Varias áreas principales pueden causar a los compradores una consecuencia negativa. Algunas de estas áreas son algo que les costará dinero, un problema de seguridad, algo que les causa incomodidad o algo que afecta su autoestima. Los compradores solo divulgarán esta información a alguien que sientan que realmente se preocupa por su situación. A medida que los vendedores comiencen a trabajar en el ***Nuevo Proceso de Ventas***, descubrirán que solo hay unas pocas razones por las cuales las personas compran vehículos y todos ellos se basan en cierto grado de temor que los motivó a comenzar a comprar en ese momento. Los problemas de seguridad siempre generan el mayor temor, lo que genera la mayor motivación para actuar. Los problemas financieros y los problemas de autoestima son fuertes motivadores también. El secreto de las ventas es exponer la **_Preocupación Central_** que ayuda a los compradores a persuadirse a sí mismos al realizar una compra.

➢ **La Tercera Función** es hacer una pregunta bien elaborada para revelar qué y quién se vería afectado si ocurriera la **_Preocupación Central_** (consecuencia negativa). Por lo general, los miembros de la familia se ven afectados cuando se trata de cuestiones de seguridad o financieras. Esta fase se llama **_Ensanchar el Círculo_**. Cuanta más gente participe, mayor influencia tendrán los vendedores a la hora de finalizar la transacción.

➢ **La Cuarta Función** es educar a los compradores a medida que se desarrolla este proceso de entrevista. La mayoría de los compradores nunca pasan el tiempo pensando en lo que los motiva a actuar. La verdad es que la mayoría de las personas nunca piensan realmente qué les hizo comprar en ese momento. Y a los pocos minutos de conocer a un vendedor, ambas partes se obsesionan con las campanas y los silbatos del vehículo, que generalmente son los deseos del comprador en lugar de tratar de descubrir las **_Necesidades_** reales de los compradores. Este paso se trata de vendedores que ayudan a los compradores a conectar los puntos. El proceso de entrevista por sí solo separa a los vendedores profesionales del paquete y comienza el proceso de vinculación con los compradores. La información recopilada en la entrevista se utilizará para configurar la **Selección del Vehículo** y la **Presentación del Vehículo**. También se reiterará más adelante en el proceso de ventas para crear apalancamiento en el **Resumen del Valor Percibido**. La entrevista establece uno de los conceptos básicos en el **Nuevo Proceso de Ventas**, y eso siempre comienza con el fin en mente.

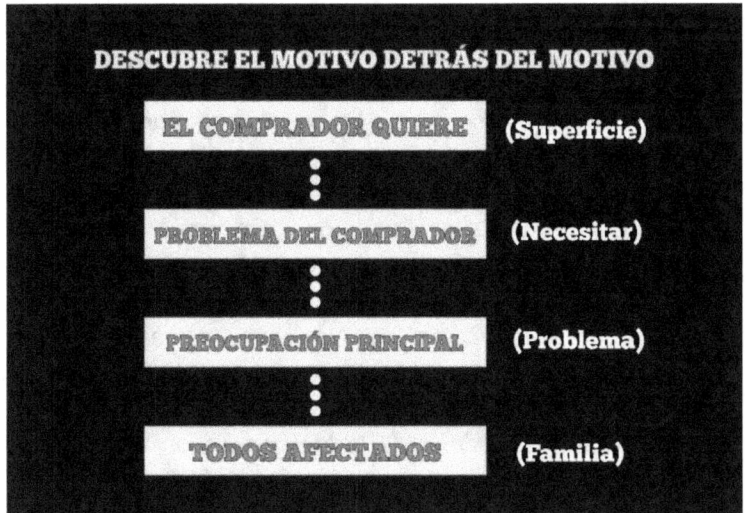

Una infografía creada internamente

Aquí hay un resumen justo del procedimiento a seguir, primero, descubra el **Problema** (el problema), profundice en la **Preocupación Central** (la posible consecuencia negativa), determine quién y qué se ve afectado y luego informe a los compradores sobre la solución correcta (El vehículo adecuado a un precio justo).

Rick Reynolds, presidente de Akskorencics.com, una compañía de crecimiento de ventas que ayuda a las compañías Fortune **500** a ganar negocios y mantener clientes. "Los clientes actuales y potenciales no siempre expresan sus necesidades. Es posible que no sepan lo que necesitan. Sus necesidades surgen solo después de que el vendedor ha desarrollado una relación sólida y de confianza con el cliente".
askforensics.com

Aquí hay algunos escenarios que ilustran este concepto: (escenario financiero)

Un hombre llega a un concesionario buscando un camión. Utilizando el **Nuevo Proceso de Ventas**, el vendedor comienza a descubrir el problema real que llevó al comprador al concesionario. Digamos que el comprador declara que su vehículo actual es demasiado pequeño, y eso hace que tenga que hacer varios viajes para recoger materiales para un trabajo. Ahora el vendedor quiere profundizar un poco más para descubrir la preocupación central. Algunas preguntas después, el vendedor descubre que el comprador tiene un nuevo negocio, pero está perdiendo dinero porque debe hacer muchos viajes a los suministros. Debe dejar de perder dinero o el negocio se hundirá. Por supuesto, esto afectará a toda su familia.

(escenario de autoestima)

Una pareja entra a mirar (lo que sabemos es solo otra palabra para "comprar") en un nuevo vehículo de lujo, aunque su vehículo actual tiene solo un par de años. Algunas personas son sensibles a cómo otros en su comunidad los ven. Los vecinos suponen que tienes éxito porque conduces un vehículo nuevo. La autoestima de una persona es muy personal y no es un área que deba tomarse. El público no puede ver la cuenta bancaria de alguien, pero puede ver lo que está conduciendo. Esto afecta a toda la familia.

(escenario de autoestima)

Una pareja entra a mirar una camioneta. La señora se ofreció como voluntaria para llevar al equipo de fútbol de su hija al juego el sábado. Su viejo auto es demasiado pequeño y no se ve muy bien. El **_Problema_** es que si la familia no consigue un vehículo más grande que se vea mejor, su hija se sentirá avergonzada. La **_Cuestión Central_** es que los padres se sentirán culpables. La madre de la niña teme que la otra madre la vea como un proveedor inadecuado. Algunos problemas pueden afectar la autoestima de cada miembro de la familia. Un problema de autoestima es un fuerte motivador. Debido a que el partido de fútbol es este sábado, el vendedor tiene el beneficio de un apalancamiento incorporado (urgencia). Conocer esta información le da al vendedor la ventaja de ayudar a los compradores a actuar de inmediato. Recuerde, todo lo que la señora le pidió al vendedor para comenzar fue que quería mirar una camioneta.

NOTA PARA EL LECTOR

Todos los ejemplos tienen una cosa en común, y es que una **_Conversación de Ventas Productiva_** descubre los problemas del comprador, la preocupación principal y los miembros de la familia afectados por la situación. El vendedor ha creado una relación con los compradores. Pudo aprovechar el **_Valor Percibido_**, y con esta información, pudo estimular un sentido de urgencia que resultó en una venta.

(escenario de seguridad)

Compradores: "Queremos ver un vehículo nuevo". Ahora, el vendedor ha aprendido de la **_Conversación de Ventas Productivas_** que la esposa trabaja en el centro comercial y llega a casa después del anochecer.

USTED: "Bob, tenemos un vehículo nuevo porque no quería que mi esposa o mi hija adolescente se derrumbaran por la noche en un camino solitario en alguna parte". Ahora, el vendedor mira directamente al esposo primero y luego a la esposa y dice ...
"Sally, apuesto a que sientes lo mismo por tu familia, ¿verdad?

La entrevista al comprador es el paso más crítico en el **_Nuevo Proceso de Ventas_**, ya que afecta cada fase posterior. El objetivo en el Nuevo proceso de ventas es que los vendedores recopilen información en la interfaz para que tengan influencia en el backend. A medida que los vendedores descubran y comprendan el problema del comprador, querrán volver a visitarlo, lo que está resolviendo el problema del comprador. El vendedor puede reforzar el **_Valor Futuro_** tanto en la presentación del vehículo en el lote como en el **_Resumen del Valor Percibido_** en el interior. Los vendedores inteligentes comienzan el proceso de ventas con el fin en mente.

NOTA PARA EL LECTOR

El valor futuro también se conoce como valor percibido, así como el valor presente también se conoce como valor real. El Resumen del valor percibido se refiere a los beneficios totales que recibirán los compradores en el futuro.

Capítulo Siete

Quarta Parte del Nuevo Proceso de Ventas
Cierre del Ensayo

Este paso crítico es donde los vendedores ayudan a los compradores a elegir el vehículo adecuado para resolver el problema que los motivó a comenzar a comprar. Es imperativo que los vendedores mantengan el proceso de ventas avanzando hacia una transacción **_Gana_** / **_Gana_**. En el momento de la selección del vehículo, los compradores y vendedores deberían haber comenzado a trabajar juntos si los vendedores han involucrado a los compradores en una **_Conversación de Ventas Productiva_** que involucre a los compradores en el proceso de ventas. Ahora, los vendedores quieren introducir **_Preguntas de Verificación_** en la conversación, lo que resuelve la opinión del comprador sobre lo que creen que es la resolución correcta de su problema. Es imperativo que el comprador obtenga el automóvil adecuado y que forme parte del proceso de selección.

Los vendedores desean verificar el compromiso del comprador con un vehículo en particular sugiriendo una **_Selección Alternativa_**. Los vendedores también usan otro término **_Intercambio de Lotes_**, que es la jerga del automóvil con el mismo propósito. Los vendedores pueden verificar el compromiso del comprador ofreciendo otros años, marcas, modelos, paquetes y / u opciones. La estrategia aquí es hacer coincidir el problema de los compradores con una resolución claramente definida y obtener los comentarios de los compradores por adelantado. Los compradores no entran cuando no sienten que el vehículo satisface todas las **_Necesidades_** de su familia. Todas las declaraciones positivas del comprador serán utilizado más tarde como apalancamiento en el

Resumen del Valor Percibido, que sigue justo después de la Propuesta del concesionario.

AQUÍ HAY UN EJEMPLO

USTED: "Amigos, como dije antes, esta es una buena opción, pero solo quería asegurarme de que este vehículo satisfaga todas las necesidades de su familia, o podemos ver otra cosa. No hay prisa ya que podemos ver otros vehículos y / o opciones si lo desea ".

NOTA PARA EL LECTOR

Elegir el vehículo **Correcto** es fundamental al confirmar la venta. Cuando los vendedores quieren ayudar a los compradores a seleccionar el vehículo correcto, siempre comienzan con los modelos menos costosos y dejan que los compradores sigan subiendo. Si a los compradores les gusta el modelo menos costoso, los vendedores pueden ofrecer un automobil usado menos costoso. Siempre ofrece una opción.

AQUÍ HAY UN EJEMPLO

USTED: "Bob, ¿te gustaría ahorrar un poco de dinero al considerar algo con un poco menos de equipo?"

NOTA PARA EL LECTOR

Existe una ventaja considerable de convertir el precio en pequeñas inversiones incrementales mensuales. Los vendedores pueden explicar a los compradores que por cada **$1,000** ahorrados, pueden reducir su pago mensual en aproximadamente **$25** por mes (basado en un préstamo a plazo de **8% x 48** meses).
realcartips.com

AQUÍ HAY UN EJEMPLO

Bob: "Seguro que me gustaría un techo corredizo".

USTED: "Bob, esa es una gran opción y solo te cuesta unos pocos dólares más al mes".

Aquí hay una forma en que los vendedores pueden ayudar a los compradores y a ellos mismos al mismo tiempo. Los vendedores profesionales saben que vender vehículos de personas que pueden pagar es mucho mejor que tratar de meterlos en un vehículo que es demasiado costoso. Cuando los vendedores empujan los vehículos a los compradores que son demasiado caros, la transacción termina en una rutina en la que los compradores no regresan a este concesionario, y el acuerdo se cierra con un bajo bruto.

Cuando los compradores intentan financiar demasiado vehículo, no ayuda a los vendedores, los concesionarios o el comprador. Con demasiada frecuencia, los fondos adicionales para cerrar el trato provienen del total. Ciertamente no ayuda a los compradores, ya que su alto pago mensual los hará luchar y sentir que fueron engañados para comprar algo que no podían pagar. Debido a los largos plazos de financiación, en algunos casos los saca del mercado tanto tiempo que podrían haber comprado otro vehículo.

Los vendedores siempre quieren mostrarles a los compradores lo que les ahorrará dinero. Los vendedores también quieren establecer un piso o fondo que actúe como límite en la negociación. El vehículo menos costoso que los compradores pueden pagar se convierte en el límite inferior o inferior, mientras que el precio total de la etiqueta siempre es el límite máximo o máximo. Los vendedores quieren establecer los límites de negociación mientras todavía están en el lote.

NOTA PARA EL LECTOR
Los vendedores deben comenzar a pensar en términos de ***Precio de Etiqueta Completo***, en cada venta. Deje que los compradores piensen en términos de descuentos.

Presentación del Vehículo

El 50% de los clientes dijeron que compraron en el acto cuando obtuvieron lo que consideraron una buena presentación y demostración.
dealerrefresh.com

EL CAMINO ALREDEDOR

Un ***Recorrido por el Vehículo*** es donde los vendedores llevan a los compradores alrededor del vehículo mientras señalan las características clave. Los vendedores deben centrarse en la resolución del problema del comprador, pero al mismo tiempo mostrar algunas de las características y beneficios del vehículo. En ***Servicio caminante***, los vendedores pueden tocar brevemente las áreas esenciales del vehículo.

Otro objetivo principal de la ***Presentación del Vehículo*** es ayudar a los compradores a crear entusiasmo a través de la ***Propiedad Mental***. La emoción aumenta a medida que los compradores se involucran física y emocionalmente en el proceso de ventas y se ven disfrutando del nuevo vehículo. Esto ocurre especialmente durante la unidad de demostración. Los vendedores transfieren entusiasmo a los compradores en forma de ***Propiedad Mental***. Cuando los vendedores se entusiasman con la posesión del vehículo, los compradores se entusiasman. Esta emoción se llama "éter" en el negocio del automóvil. Puede desaparecer, pero cuando un vendedor determina el problema del comprador y señala la resolución, esto mantiene a los compradores comprometidos. Las resoluciones son un hecho, no una fantasía.

El **_Resumen del Valor Percibido_** se produce antes de pedirles a los compradores de su negocio que revitalicen la emoción de entusiasmo del comprador. También sirve para demostrar la lógica al presentar más **_Valor_** que la pequeña inversión mensual adicional. Los vendedores deben aprender a **_Enmarcar_** cada presentación para obtener el máximo impacto.

NOTA PARA EL LECTOR

El **_Encuadre_** es una forma de presentar hechos que identifican un problema que necesita una solución de tal manera que implica un problema que necesita una solución.
wikipedia.org

El **_Nuevo Proceso de Ventas_** también quiere que las presentaciones de vehículos sean flexibles, fluidas e interactivas. La presentación del vehículo es la parte más creativa del proceso de venta. Las buenas presentaciones requieren que los vendedores estén preparados con anticipación. Por lo tanto, conozca su línea de productos y los productos de sus competidores. Practicar para que pueda pensar en sus pies y tener la confianza de animarse y emocionarse como lo demuestra su lenguaje corporal.

El objetivo de este paso es que los vendedores creen y transfieran la emoción de la emoción a través de los beneficios que los compradores recibirán tanto en el presente como en el futuro por poseer este vehículo.

En el nuevo proceso de ventas, el enfoque para crear una presentación de vehículos de clase mundial se centra principalmente en resolver el problema del comprador. Esto requiere que el vendedor realice los pasos anteriores correctamente. La interacción constante entre las dos partes también es esencial en una presentación de clase mundial. Este enfoque de venta es parte del catalizador para establecer relaciones a largo plazo con los clientes debido a la calidad de la experiencia de compra.

NOTA PARA EL LECTOR

Si un vendedor deja un paso en el ***Nuevo Proceso de Ventas***, corre el riesgo de poner en peligro una oportunidad de ventas. A medida que los Gerentes de Ventas construyen la propuesta del concesionario, pueden interrogar a los vendedores sobre la información que han recopilado de los compradores. Los gerentes de ventas podrán determinar rápidamente si el vendedor ha seguido cada paso en el ***Nuevo Proceso de Ventas***. Los atajos o pasos perdidos lastiman a todos los involucrados. Cada paso en este proceso prepara el escenario para el siguiente paso, de modo que cada paso encaja perfectamente con el siguiente.

Una presentación de alta calidad es el resultado de que el vendedor previamente involucró a los compradores en una ***Conversación de Ventas Productiva***. Esta conversación debería ser un diálogo, no un monólogo de largo aliento. Los compradores prefieren persuadirse a sí mismos a través de la educación para hacer una compra en lugar de tener que ser coaccionados, manipulados y / o presionados. Los vendedores solo pueden lograr esto si han construido una relación suficiente, al comprender realmente el problema, la situación y las preocupaciones del comprador.

Las **Preguntas Gien Elaboradas** son la clave si los vendedores desean involucrar a los compradores en una **Conversación de Ventas Productiva**. Los vendedores deben hacer preguntas regularmente en el camino para mantener a los compradores comprometidos en el proceso. El **Nuevo Proceso de Ventas** requiere más que vendedores simplemente caminando alrededor de un vehículo señalando las características y beneficios del vehículo y luego avanzando lo antes posible.

Es esencial que los vendedores comprendan cómo piensan los compradores al comprar un vehículo. Los vendedores deben comprender que los compradores realizan mentalmente un **Análisis de Costo** / **Beneficio** con cada compra importante que realizan. La lógica que respalda cada decisión de compra es la ecuación del **Valor** que excede el costo. El **Valor** que supera el costo es la lógica que respalda la emoción de la emoción creada durante la presentación del vehículo. Los vendedores quieren señalar cosas lógicas también como ahorros en el consumo de combustible, reparaciones y devaluación a través del uso. Hacer una pequeña inversión mensual en un vehículo que tiene un **Valor** real en lugar de poner dinero en un vehículo que ya está depreciado.

Si los compradores son una pareja, entonces los vendedores quieren hacer una presentación dos en uno. Los hombres y las mujeres tienen necesidades diferentes, pero ambos deben abordarse durante la presentación. Si no se abordan las necesidades de la hembra, aunque no se pueda decir nada en ese momento, la realidad es que la oportunidad de venta no terminará bien. Cuando se trata de una decisión sobre comprar algo para la familia, la mujer siempre tiene la última palabra, punto. La única forma en que los vendedores sabrán si se satisfacen las necesidades tanto del hombre como de la mujer es preguntando a cada uno de ellos.

Los vendedores quieren comprender que los compradores tienen un proceso interno conocido como **_Exposición Selectiva_**, en el que solo una parte de la información que reciben se organiza, interpreta y permite su ingreso en su banco de memoria. Durante la presentación del vehículo, los vendedores quieren centrarse en el área del vehículo que resuelve el problema del comprador. El **_Nuevo Proceso de Ventas_** divide la **_Presentación del Vehículo_** en subpartes para que los compradores puedan digerir mejor la información.

A pesar de que **_la Presentación del Vehículo_** se divide en una **_Caminata_** y la **_Unidad de Demostración_**, sigue siendo un paso continuo. Aquí es donde los vendedores se centran en la resolución del problema del comprador y señalan las características y beneficios exteriores e interiores del vehículo.

Los vendedores quieren poner el mayor énfasis en el área que resuelve el problema de los compradores, conocido como Hot Spot. Los vendedores quieren seguir haciendo preguntas cada dos minutos. Estas preguntas están diseñadas para que los compradores respondan y para asegurarse de que entienden la información que se les proporciona. Es mejor mantener las presentaciones simples, cortas y al punto.

Los vendedores quieren recordar que cuando se trata de una pareja o una familia, las características de seguridad siempre tienen el mayor peso. Si el problema de los compradores es un problema de seguridad potencial, entonces los vendedores quieren centrar su presentación en resolver ese problema. La presentación del vehículo, así como el resumen del valor percibido que se ofrece más adelante, debe ser dinámico e informativo. La resolución del problema de seguridad de una familia pesa todos los demás beneficios del vehículo.

UNIDAD DE DEMOSTRACIÓN
La primera parte

La unidad de demostración se divide en 3 fases. La primera fase se lleva a cabo mientras el vendedor conduce. Durante este tiempo, los vendedores deben centrarse en la atención del comprador sobre las características y beneficios dentro del vehículo. Los vendedores quieren tomarse su tiempo en este paso. Cuanto más largo sea el viaje de demostración, más conectados emocionalmente estarán los compradores con el vehículo. Los nuevos artilugios y artilugios y cómo funcionan crean emoción. La forma directa de recordar las preguntas en esta fase es referirse a los sentidos humanos.

Este es el momento adecuado para tocar todos los sentidos humanos como la vista, el sonido, el olfato y el tacto. Este es uno de los ingredientes que crean una presentación de clase mundial.

- ¿No te gusta ese olor a auto nuevo?
- ¿No suena bien ese sistema estéreo? Y puedes enchufar tu iPod y escuchar todas tus canciones favoritas.
- ¿Tienes controles para los asientos. ¿No se sentirá bien estar cómodo en un viaje largo?
- ¿Con este tamaño de camión y tracción en las 4 ruedas, puede transportar su caravana en vacaciones, lo que será un gran ahorro y le dará la libertad de ir a donde quiera.
- ¿No es este tablero de instrumentos y diseño de interiores elegante?

> ¿Todo está configurado para que el conductor y los pasajeros se sientan cómodos. Debes admitir que esto es un paso adelante de tu vehículo actual, ¿verdad?
> ¿Hay una gran tranquilidad al saber que evitará esa posible consecuencia negativa que le preocupaba, verdad?

El uso de **Imagenes de Palabras** a los vendedores pintar **Imagenes de palabras** para que los compradores puedan visualizar el placer que experimentarán al poseer este vehículo. La **Propiedad Mental** crea emoción a través de la anticipación de que los compradores se visualicen a sí mismos y a su familia, disfrutando del placer que conlleva tener este vehículo.
La segunda fase

Los vendedores siempre quieren trazar una ruta de demostración donde haya un lugar seguro y tranquilo donde puedan detenerse y cambiar de conductor. La segunda fase llega a este punto, donde este vehículo está separado de los otros vehículos en el lote. Esto es correcto, por favor, para que el personal de ventas permita que los compradores se detengan y vean el vehículo en general. Aquí los vendedores pueden hacer una pregunta de cierre de prueba. Así es como puede sonar eso.

AQUÍ HAY UN EJEMPLO

USTED: "Bob, sé que mi esposa desearía poder pagar un nuevo (marca y modelo). Me daría tranquilidad en nuestros viajes familiares. Me hace sentir bien cuando conozco a todos es seguro y cómodo y apuesto a que tú también sientes lo mismo, ¿verdad?

AQUÍ HAY UN EJEMPLO

USTED: "Sally, ¿no sería genial si el domingo tu familia llegara a la iglesia en este nuevo (marca y modelo)?"

Sin esperar, los vendedores pueden hacer la siguiente pregunta. Esta pregunta está dirigida tanto al hombre como a la mujer al mismo tiempo. Así es como puede sonar eso.

"Amigos, ¿sienten que esto (marca y modelo) con estas opciones satisface todas las necesidades de su familia?"

LA TERCERA FASE

Lo tercero en el **pactica de manejo** cuando el comprador regresa al concesionario. Aquí, los vendedores quieren preguntar si los compradores planean intercambiar su vehículo actual. Y si es así, los vendedores pueden recopilar información para el Gerente de Ventas para ayudarlo a construir la propuesta de los concesionarios. Así es como puede sonar ...

AQUÍ HAY UN EJEMPLO

USTED: "Bob, tenemos un excelente tasador, pero solo quiero asegurarme de que (él o ella) no pase por alto algo que pueda agregar más **Valor** a tu intercambio". "¿Puedo hacerte un par de preguntas?" acerca de su vehículo actual?

NOTA PARA EL LECTOR

Durante el viaje de regreso al concesionario, los vendedores pueden sacar su Lot Pad. Este es un pequeño bloc de notas que guardan en su bolsillo. Hace que este paso sea muy fácil para que los vendedores simplemente verifiquen las respuestas a las preguntas que hacen. Aquí hay una lista sugerida de preguntas que podrían imprimirse en su bloce. Los vendedores pueden tomar notas ahora que el comprador está conduciendo en la unidad de demostración de devolución. Los vendedores quieren asegurarse de que ambos, el hombre y la mujer, conduzcan el vehículo.

Aquí hay algunas preguntas de muestra que se pueden abreviar a unos pocos puntos:

- ¿Planea cambiar su vehículo actual hoy?
- ¿Lo compraste nuevo o usado?
- ¿Cuánto tiempo ha tenido su vehículo actual?
- ¿Cuándo vence su próximo pago?
- ¿Cuál es su pago mensual? (sin importar la cifra que el comprador le dé a los vendedores, siempre diga... "¿Cómo obtuvo su pago tan bajo?"
- ¿Quién financió su préstamo?
- ¿Ha realizado reparaciones importantes en su vehículo? (Esto abre la puerta a discutir un área problemática potencial por la que los compradores están preocupados)

El **88%** de los clientes dijeron que recibieron una presentación y una demostración pésimas.
dealerrefresh.com

Capítulo Ocho

Quinta Parte del Nuevo Proceso de Ventas
Comenzando un Trato

A muchos vendedores se les enseña a usar **_Cierre Del Ensayo_** para eliminar posibles compradores en lugar de hacer avanzar el proceso de ventas. Las personas que dicen que solo están comprando comprarán si se presenta un **_Valor_** suficiente. Nadie comprará si no sabe cuál es el trato.

Este paso también tiene un par de formas en que los vendedores pueden abordarlo. La primera forma es el **_Cierre de Prueba Verbal_**. Un preba de venta es para probar el nivel de compromiso de los compradores en este vehículo. Es una técnica de venta utilizada para solicitar comentarios de los compradores. Esto se puede lograr en el viaje de regreso de demostración mientras el vendedor hace preguntas a su **_Lote Pad_**. Esto le dice a los vendedores que los compradores están satisfechos con este vehículo. Y si es así, el vendedor siempre debe asumir que la compra se lleva el vehículo a casa con ellos, punto. Será evidente por las respuestas de los compradores a las preguntas sobre el estado actual de su vehículo.

El **50%** de los clientes dijeron que compraron en el acto cuando obtuvieron lo que consideraron una buena presentación y demostración.
dealerrefresh.com

Creo que con el proceso de ventas, un concesionario puede aumentar considerablemente ese porcentaje.
La segunda forma es **_Cerrar el Juicio de Acción_**. An **_Accio'n Jucio Cerrar_** es un pequeño contenedor, pero sigue siendo un

excelente indicador del compromiso del comprador con este vehículo en particular. Al regresar de la **_Unidad de Demostración_**, el vendedor puede pedirle al comprador que coloque un letrero RESERVADO en el parabrisas. Estas señales se mantienen debajo del asiento delantero de cada vehículo en el lote.

Esto le permite al vendedor agregar urgencia al explicar que otros vendedores pueden tener un cliente interesado en este mismo vehículo. Esto también pone al comprador en la posición correcta para leer también el **_Número de Identificación del Vehículo_**. Este número es crítico para asegurarse de que el concesionario venda el vehículo correcto. Luego, el vendedor puede pedirle al comprador que saque las llaves de su auto de su llavero, para que su vehículo pueda ser evaluado mientras está mirando las cifras. Esto es solo parte del proceso de lograr que los compradores comiencen a abandonar mentalmente su vehículo actual.

la venta transaccional silencioso

Nueve de cada diez vendedores no realizan una **_Caminata Comercial Silenciosa_**.
Entrevistas personales

NOTA PARA EL LECTOR

La mayoría de los vendedores omiten la **_Caminata de Servicio_** y la **_Caminata de Servicio_** porque no entienden cuán valiosos serán estos dos pasos más adelante. Ambos pasos configuran la justificación de asignación comercial para motivar a los compradores a aceptar la oferta comercial del concesionario. La insuficiencia de la asignación comercial es una gran razón por la que muchos acuerdos no se cierran.

Al regresar de la unidad de demostración, los vendedores quieren hacer la **_Caminata de Servicio_** y la **_Caminata de Servicio_** juntos, si es posible. Si el carril de servicio está lleno, los vendedores le piden al comprador que se estacione justo al lado de su vehículo actual. Cualquiera de las dos ubicaciones es un excelente lugar para hacer un **_Caminata Comercial Silenciosa_**. Esto permite a los vendedores pedirles a los compradores que caminen alrededor del vehículo con ellos.

Los vendedores quieren señalar fallas, pero no deben decir nada. El propósito de este paso es permitir al comprador devaluar su propio vehículo. Después de que los compradores justifiquen el defecto en su vehículo actual, tendrán una figura más realista en mente de lo que vale su vehículo.

A medida que los vendedores y compradores caminan alrededor del vehículo, los vendedores siempre buscan pequeños problemas de seguridad, como limpiaparabrisas desgastados, neumáticos calvos o un parabrisas roto. No se deben confundir con los principales problemas de seguridad que comenzaron a comprar el automóvil del comprador, como los principales problemas que pueden causar accidentes en la carretera.

Sin embargo, esto puede preparar el escenario para una breve historia de ventas. Así es como puede sonar ...
USTED: "Bob, ve un artículo en Internet sobre cuánto cuestan las llantas malas en gasolina extra, además de poner a su familia en riesgo en la carretera. Solo los ahorros en gasolina pueden ayudarlo a hacer esa pequeña inversión mensual adicional para impulsar un nuevo (marca y modelo).

PASEO DE SERVICIO

El **93%** de los clientes no recibió una caminata de servicio como parte del proceso de ventas.
dealerrefresh.com

Los vendedores llevan a los compradores adentro y les muestran el ***Muro de la Fama*** (que tiene fotos de los técnicos de servicio y debajo de su foto una lista de las certificaciones que poseen). Los vendedores deben presentarles a los compradores al ***Gerente de Servicio*** y a los ***Escritores de Servicio***. Hay una razón detrás de cada paso en el ***Nuevo Proceso de Ventas***.

NOTA PARA EL LECTOR

Cuando se habla del mantenimiento del vehículo, es responsabilidad del hombre. Las reparaciones significativas se incluyen en el título de seguridad familiar y, por lo tanto, la mujer quiere asegurarse de que las reparaciones sean realizadas correctamente por profesionales. Una ***Caminata de Servicio*** es para beneficio tanto del hombre como de la mujer. Ella no quiere reducir costos cuando se trata de un problema de seguridad, por lo que entiende "Usted obtiene lo que paga".

Si no es conveniente visitar el ***Departamento de Servicio*** porque están demasiado ocupados, los vendedores pueden llevar a los compradores a su oficina y mostrarles su ***Manual de Evidencia*** (que es un álbum de recortes comercial).

NOTA PARA EL LECTOR

Sugerencia: cada vendedor debe tener un ***Manual de Evidencia.***

Ya sea que los vendedores lleven a los compradores al **_Departamento de Servicio_** o a su oficina, quieren tomarse unos minutos para mostrarles un par de fotos del equipo de alta tecnología y explicarles que cada técnico debe estar certificado para cada trabajo que realizan. Esto se debe a que los concesionarios deben cumplir con un estándar mucho más alto que el taller de reparación de árboles de sombra promedio. Solo la póliza de seguro que cubre su trabajo cuesta una pequeña fortuna.

AQUÍ HAY UN EJEMPLO

(mostrando a los compradores su **_Manual de Evidencia_**)

USTED: "Bob, me gustaría mostrarte fotos del personal de nuestro **_Departamento de Servicio_** y sus credenciales. El servicio después de la venta es el aspecto más importante de nuestro negocio, ya que cuidamos bien a nuestros clientes durante y después de la venta ".
Justificación de la concesión comercial

Los vendedores actualmente no realizan este paso ya que lo estamos introduciendo aquí en el **_Nuevo Proceso de Ventas_**

NOTA PARA EL LECTOR

La estrategia detrás de este paso es dar a los vendedores las municiones que necesitan para refutar el permiso comercial de un comprador.

_____

Este paso puede demorar unos minutos más, pero puede ahorrar un acuerdo que de otra manera NO se habría cerrado.

AQUÍ HAY UN EJEMPLO

USTED: "Bob, tenemos una política en este concesionario que establece que los vendedores deben explicar a nuestros clientes el procedimiento para llegar a una oferta mayorista justa cuando se trata de comprar sus vehículos. Estos son algunos de los factores que el concesionario debe tener en cuenta para llegar a una asignación de comercio justo ".

Solo toma unos minutos recorrer esta lista, pero hace dos cosas. Primero, justifica la oferta comercial del concesionario, pero aún más importante explica por qué los departamentos de servicio del concesionario cobran sus tarifas de servicio.

NOTA PARA EL LECTOR

Si un cliente regresa al Departamento de Servicio de un concesionario 3 veces, entonces los cambios son que también comprarán su próximo vehículo allí.
Toyota.com

- La **Guía de Reacondicionamiento** explica que los concesionarios compran al por mayor y venden al por menor.
- En el mercado de automóviles usados, el precio mayorista de los vehículos cambia constantemente.
- La Guía del comprador mayorista se publica cada mes. Tradicionalmente, esta es la guía que utilizan los tasadores para establecer el precio de un vehículo específico. Estos números provienen de las subastas en cada región geográfica del país.
- El tasador del concesionario revisa el vehículo del cliente y toma nota de las cosas que deben repararse o

reemplazarse antes de que el concesionario pueda poner el vehículo en el lote.
- El gerente de servicio le da una cotización al gerente de autos usados. La tarifa de la tienda es la misma porque todos los técnicos están altamente certificados, unidos y provistos de equipos de última generación.
- A continuación, el tasador busca el vehículo en una **_Guía del comprador_** mayorista para ver lo que este vehículo traerá este mes en las casas de subastas en ese área.
- Guide La **_Guía del comprador_** mayorista resta una cantidad por desgaste excesivo y kilometraje.
- Los vehículos usados más bonitos se sientan en el lote un promedio de 90 días.
- El concesionario debe considerar el costo de contabilidad y la comisión de ventas cuando se vende el vehículo. La otra opción es llevar el vehículo a la subasta donde se puede vender a un precio mayorista.
- El concesionario debe obtener una ganancia razonable por el tiempo y el dinero invertido, por lo que, teniendo en cuenta todo esto, se ofrece una asignación de comercio justo.

NOTA PARA EL LECTOR

La **_GUÍA DE RECONICIONAMIENTO DEL VEHÍCULO_** se imprime, pero solo le toma un par de minutos a un vendedor para parafase. También justifica a los compradores por qué el concesionario compra al por mayor y vende al por menor.

———————————————

Capítulo Nueve

Sexta Parte: Nuevo Proceso de Ventas
Comenzando un Trato

Acuerdo de compra significa la transacción de venta real. Es el intercambio real de bienes. Aquí están las partes de una oferta de automóvil ... el precio del vehículo, los descuentos y rebajas, la asignación comercial, los términos del préstamo (duración del préstamo y la tasa de interés), los pagos mensuales y el pago inicial.

NOTA PARA EL LECTOR

La transacción comienza con el personal de ventas llenando todos los espacios en blanco en ***el Formulario de pedido del comprador*** (hoja de trabajo). Después de completar todo el papeleo, el vendedor se dirige al escritorio del gerente para obtener la ***Propuesta del Concesionario***.

AQUÍ HAY UN EJEMPLO

USTED: "Amigos, dejenme ir a buscar a mi gerente para que nos haga una propuesta. Él o ella tiene mucha experiencia en este negocio y hace todo lo posible para ofrecerles a todos un precio muy justo. Nuestro concesionario tiene una política firme de no aumentar los precios porque hemos construido nuestro negocio con clientes habituales y referidos ".

Para comenzar el trato, los vendedores dejan a los compradores en la oficina de ventas y llevan ***el Formulario de pedido del comprador*** al ***Gerente de Ventas***. Antes de partir para reunirse con el *__Guía del comprador__*, es un buen momento para que los vendedores les pregunten a los compradores si desean revisar su *__Manual de Evidencia__*. Esto mantiene al comprador ocupado ya que contiene información positiva sobre los vendedores, el Departamento de Servicio, el concesionario y la línea de productos.

El personal de ventas debería poder dar el *__Guía del comprador__* toda la información que solicitan. Aquí hay una lista de información que el *__Gerente de Ventas__* puede querer saber ...

- ¿Es este el vehículo que los compradores realmente quieren tener?
- ¿Ha discutido el vendedor el precio?
- ¿Se ha dirigido el vendedor a los deseos y necesidades del hombre y la mujer?
- ¿El vendedor le ha dado al hombre y a la mujer la oportunidad de conducir el vehículo?

Luego, el gerente de ventas revisa la plataforma de *__Lote del Vendedor__* para obtener un poco más de información sobre este comprador. Esto también ayuda cuando el gerente se detiene en la oficina del vendedor para encontrarse con los compradores.

Luego, el vendedor escucha cualquier consejo u orientación que pueda tener el Gerente de Ventas antes de regresar a la oficina para responder a la propuesta del concesionario.

Propuesta de Valor

Una *__Propuesta de Valor__* es el paquete de beneficios totales y básicamente resume todo el *__Valor__* que el concesionario ofrece a los compradores a cambio de su inversión. La *__Propuesta de Valor__* se desglosa en dos partes principales, el *__Valor Presente__* y el *__Valor__*

Futuro. El *Valor Actual* son los descuentos y complementos gratuitos. El *Valor Futuro* es la resolución del problema que evita la consecuencia negativa que preocupan a los compradores. Cuando se combinan los dos elementos, forman *la Propuesta Total*. La *Propuesta de Valor* ideal es concisa y atrae a ambos lados del proceso de toma de decisiones del comprador, tanto emocional como lógico. La emoción emocional del comprador sobre los beneficios está respaldada por la lógica de que el *Valor* excede el costo.

PROPUESTA DE VALOR
PROPUESTA DE CONCESIONARIO

La mayoría de los vendedores solo conocen dos tácticas de ventas en este momento, y es aumentar el descuento y / o aumentar la asignación comercial. Ambas alternativas se restan del beneficio, que también reduce la comisión de ventas.

La propuesta de *concesion* es la lógica de Present *Valor Presente* y juntos forman parte del *Paquete de Valor Total*. Todos los vendedores de automóviles experimentados están familiarizados con este concepto. Se necesita experiencia o capacitación para regalar algo.

Los vendedores ahora quieren enumerar todos los extras que vienen de serie en este nuevo (Marca y modelo). Estas son justificaciones que respaldan la decisión del comprador con lógico ... buen consumo de combustible, garantía extendida, informes de seguridad del consumidor, airbags laterales, etc.

La gente cree que lo más importante que constituye un buen negocio es el tamaño del descuento, pero en realidad solo juega un papel de apoyo para justificar la emoción de la emoción de los buenos sentimientos del comprador sobre los beneficios futuros.

Siempre es la lógica que los compradores les cuentan a sus amigos y familiares, por lo que comienzan a creer ese concepto ellos mismos. La lógica es solo parte de la motivación para hacer una compra. La lógica es lo que está en la superficie y, por lo tanto, es fácil de reconocer y explicar. Pero la verdadera motivación detrás de cada decisión de compra es la creencia del comprador de que esta compra los hará sentir bien y mejorará sus vidas de alguna manera.

NOTA PARA EL LECTOR

Este es el punto en el ***Proceso de Ventas Actual***, donde el vendedor se sienta y espera a que los compradores se opongan a una o más de las partes que conforman un negocio de automóviles.

Pero en el ***Nuevo Proceso de Ventas***, los vendedores pasan de la conversación sobre la lógica del descuento, que es el ***Valor Presente***, a los beneficios de resolver el problema del comprador, que es el ***Valor Futuro***. Este enfoque enfoca la atención del comprador en el placer de poseer un vehículo nuevo, además de la tranquilidad de evitar las consecuencias negativas que los compradores han tenido.

La estrategia aquí es que la parte del cerebro humano, que es la mente consciente, solo puede enfocarse en un tema a la vez. Los vendedores solo quieren hablar sobre el ***Valor*** a partir de ahora, y no quieren volver a mostrar las cifras del concesionario o la asignación comercial.

Una ***Propuesta de Valor*** es simplemente una oferta de intercambio de ***Valor***, que en este caso es un vehículo, por parte del vendedor por el ***Valor*** que en este caso es dinero por parte de los compradores. Cuando el *Valor* alcanza un equilibrio, lo que significa un intercambio justo de ofertas, entonces ambas partes deben acordar confirmar la transacción.

RESUMEN DEL VALOR PERCIBIDO

La mayoría de los vendedores no entienden fácilmente el ***Valor Futuro***, por lo que después de que se entreguen el descuento y los obsequios, se quedarán sin municiones. Pero si los vendedores están utilizando el ***Nuevo Proceso de Ventas***, pueden construir una cantidad ilimitada de ***Valor Futuro***. Aquí es donde los vendedores explican el beneficio de evitar la consecuencia negativa inminente que a los compradores les preocupa que pueda suceder. Agregar un límite de tiempo estimula la urgencia al enfatizar que los compradores deben tomar medidas ahora.

Veamos más en profundidad como la segunda parte, que está anclada en la emoción es el nuevo concepto. Esta es la creencia del comprador de que habrá una sensación placentera de esta compra en el futuro de esta compra en el futuro.

El beneficio provendrá del disfrute que el comprador recibe cuando se resuelve su problema de transporte (antes de que se convierta en una consecuencia negativa). La industria de las ventas de automóviles tiene dificultades para comprender el concepto de valor futuro y cómo utilizar este concepto para estimular la urgencia.

La estrategia aquí es ir directamente de la ***Propuesta del Concesionario*** sin problemas al Resumen del Valor Percibido. Resumen. Este concepto de valor agregado agregará un peso extra al lado del "***Valor vs. Costo*** ". El motivo del ***Resumen del Valor*** es un recordatorio para los compradores que pueden olvidarse del **_Valor Futuro_** cuando se les presentan las cifras del concesionario.

Los vendedores quieren entregar la **_Propuesta de Valor_** como un abogado que construye un caso frente a un jurado. Los vendedores quieren que los compradores sientan la emoción de ser dueños de un nuevo vehículo y al mismo tiempo dejar el problema que les preocupa. Los vendedores descubrirán que tienen mucha más influencia a medida que crean más **_Valor_**. Al finalizar una **_transacción Ganar_** / **_Ganar_** ambas partes se alejan felices.

Los vendedores que leen este libro pueden preguntarse cómo es posible pasar directamente de la **_Propuesta del Concesionario_** directamente al **_Resumen del Valor Percibido_**. La respuesta es porque el vendedor ya ha hecho la transición al puesto de confianza. Los compradores confían en que el vendedor realmente comprende sus problemas, situación e inquietudes y está allí para obtener el mejor trato posible. Una buena relación no baja el precio, pero sí reduce la resistencia del comprador al precio.

Este también es un concepto nuevo. La verdad es que este proceso directo disminuirá la carga de que los compradores tengan que pasar por la agitación mental y emocional y la agonía que algunas personas sienten al pensar en tener que negociar una transacción de automóvil. Los compradores tomarán el camino de menor resistencia si sienten que el vendedor es confiable y que la oferta del concesionario es justa. Este procedimiento está diseñado para ayudar a los vendedores a obtener un cumplimiento rápido y fácil al confirmar una transacción.

La única forma en que esto funcionará es si los vendedores son justos, directos y transparentes durante todo el proceso de ventas.

El ***Valor*** es la razón por la cual los compradores compran un vehículo, no solo un gran descuento. Aún así, la ***Propuesta de Valor*** debe ser interactiva y no solo un monólogo en ejecución. Para hacer esto, los vendedores siguen preguntando a los compradores si esto tiene sentido y / o si pueden ver cuánto dinero están ahorrando al no tener que lidiar con el costo de las consecuencias negativas por las que han estado preocupados. Al mismo tiempo, los vendedores quieren ayudar a los compradores a recordar la emoción de la emoción que surge de la sensación de poseer un auto nuevo.

NOTA PARA EL LECTOR

Como se indicó anteriormente, la decisión de compra proviene principalmente de las emociones cargadas por la emoción y respaldadas por la lógica del ***Valor*** que compensa el costo del vehículo. Los vendedores deben combinar el ***Valor Presente*** y el ***Valor Futuro*** para obtener el máximo impacto al presentar la ***Propuesta de Valor***. Este concepto ofrece a los vendedores una forma completamente nueva de ver cómo crear una exposición y luego confirmar la transacción.

Para ayudar a los vendedores a obtener una mejor imagen mental del ***Valor***, el ***Nuevo Proceso de Ventas*** utiliza la representación gráfica. En este caso, ***los bloques de beneficios*** representan unidades de ***Valor***. Los vendedores pueden visualizar los bloques que se apilan en el lado del ***Valor del Costo Vs. Ecuacio'n de Valor***. Esta ecuación imaginaria se representa como una escala. Cualquiera que sea el lado de la báscula que sea más pesado gana el concurso mental y los compradores hacen una compra o no lo hacen. El uso de la combinación de ambas partes de la **_Propuesta de Valo_**r permite a los vendedores apilar **_Bloques de Beneficios_** adicionales, que provienen de **_Valor Futuro_** que NO están disponibles en el **_Proceso de Venta Actual._**

La industria de ventas de automóviles no parece entender que la fortaleza de la relación entre comprador y vendedor crea el mayor **_Bloque de Valor_**. Solo es el **_Bloque de Beneficios_** más significativo. Si los vendedores se han convertido en un asesor de confianza, no reduce el precio del vehículo, pero sí reduce la resistencia de los compradores al precio. Una gran parte tácita de la negociación es la relación del comprador con los vendedores, ya sea buena o mala.

Los vendedores quieren cargar el lado del **_Valor_** de la balanza para compararlo con la pequeña inversión mensual adicional. Este es el monto del pago mensual sobre el pago mensual actual del comprador. Esto ayuda a los compradores a venderse, ya que ofrece la opción lógica de confirmar la transacción en ese momento. Entonces, para que los vendedores obtengan una imagen mental más clara de la **_Propuesta de Valor_** en términos gráficos, es como apilar **_Beneficios_** en el lado del Valor del **_Costo vs. Análisis de Valor_**. Cuando el lado del **_Valor_** de la escala es más sustancial, el comprador realiza una compra. Aquí hay una imagen de ese concepto.

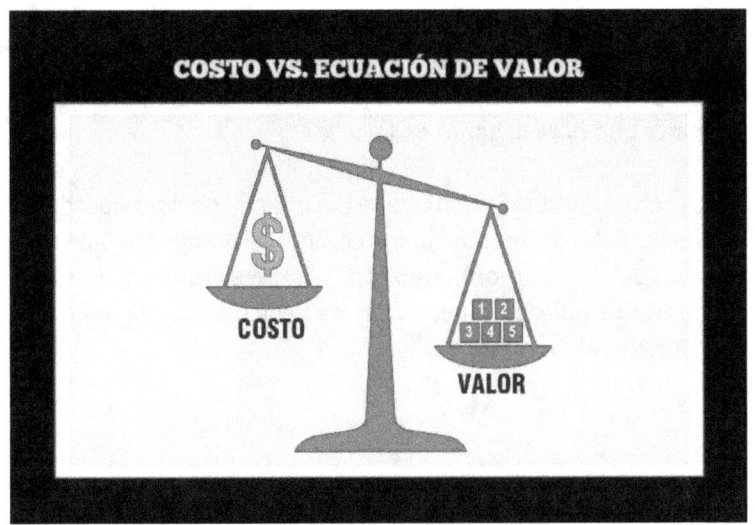

Esta infografía se hizo internamente

Se han perdido muchas ventas porque la industria de ventas de automóviles no entendió la relación entre precio y **_Valor_**. El precio es de lo que habla la gente; El **_Valor_** es lo que significan. El secreto para vender es no reducir el precio sino aumentar el **_Valor_**. Bajar el precio no aumenta el **_Valor_**, hace todo lo contrario, baja el **_Valor_** del vehículo.

Los compradores no siempre pueden conectar los puntos entre el problema, la resolución y los beneficios. Depende de los vendedores guiar a los compradores a través de este ejercicio, paso a paso como se describe en el paso de la entrevista.

Todos los compradores quieren un buen negocio, pero el **_Valor_** es el punto de referencia de un buen negocio, no por lo barato que compraron el vehículo, sino por lo que recibieron por su dinero. Esto significa que una buena oferta es cuánto valor los vendedores ayudan a los compradores a darse cuenta de que están recibiendo. Cuando los vendedores simplemente bajan el precio arbitrariamente, también disminuyen el valor del producto. Bajar el precio crea un comprador más cauteloso, que piensa para sí mismo: "¿Me pregunto qué tan bajo irán? ¿Y me pregunto qué hará la gente de la calle?

Los compradores no toman una decisión de compra basada en el precio. Están tomando una decisión de **_Valor_** calculada en función de lo que obtienen por su inversión. Lo que los compradores quieren saber es si este vehículo **_Vale_** la pena que el concesionario lo solicita.

Capítulo Diez

Séptima Parte del Nuevo Proceso de Ventas
Negociación

Después de que los vendedores pasen de la fase lógica de introducir cifras en la ***Propuesta del Concesionario***, entonces quieren ir inmediatamente al ***Resumen del Valor Percibido.*** La estrategia aquí es evitar que los compradores se detengan en el tema de los precios. El ***Nuevo Proceso de Ventas*** quiere omitir la ***Negociación*** si es posible ya que la mayoría de los vendedores no saben cómo mantener la ganancia bruta en una ***Negociación*** porque no han recibido capacitación.

Los estudios muestran que el **10%** de todos los compradores pagarán el precio completo de la etiqueta si hay suficiente ***Valor*** incorporado en el vehículo.
No se sorprenda, pero a veces el precio de la etiqueta es el precio correcto para un automóvil nuevo. Saber cuándo pagar la pegatina puede eliminar el estrés de la compra de automóviles y conducir a una experiencia de compra más rápida y limpia. Edmunds.com

Si los compradores desean negociar, esta táctica de ventas puede requerir un paso adicional que depende de la evaluación de los vendedores de los compradores y su relación mientras trabajan juntos. Los vendedores que se sientan cómodos con los compradores no deben dar un descuento en el primer lápiz. Si los compradores se niegan sin descuento, entonces los vendedores pueden regresar al escritorio para obtener el descuento. Este paso es completamente a la altura de los vendedores. Este paso no tiene nada de malo, ya que los fabricantes valoran el producto.

El primer descuento otorgado por el concesionario es suficiente para la mayoría de los compradores si los vendedores hacen un gran negocio al respecto y luego trabajan para mantener la línea. Los vendedores pueden explicar que otros concesionarios pueden anunciar un precio ridículamente bajo, pero es un hecho que compensarán la diferencia de alguna manera oculta. Nuestros clientes aprecian nuestra política de ser abiertos, honestos y transparentes.

Es el trabajo del vendedor mantener bruto, punto. Cada fase del proceso de negociación es justa si los vendedores presentan la información directamente, sin mentir ni manipular a los compradores. Los compradores se presionarán a sí mismos si los vendedores presentan los hechos y permiten que la influencia del valor futuro estimule a los compradores a actuar. Un vendedor necesita recordar que es como un abogado y que su trabajo es simplemente presentar su caso. Los compradores son el juez y el jurado, toman la decisión final de comprar o no.

NOTA PARA EL LECTOR

Los vendedores deben ser competentes en la ***Negociación*** profesional. Hasta que el personal de ventas esté capacitado para el cierre profesional, incluida la negociación de acuerdo con este proceso de ventas, sugiero el uso de personal capacitado.

Cada vendedor que quiera convertirse en profesional debe practicar y ensayar este ***Proceso de Negociación***. Si los vendedores no practican este proceso, puede ser incómodo y costar las oportunidades de venta del concesionario. O, en el mejor de los casos, una ***Transacción Ganar / Perder*** que, de forma inherente, genera una pequeña ganancia bruta. Los vendedores quieren entender que este ***Proceso de Negociación*** consiste en comparar manzanas con naranjas. Eso significa que los compradores siempre quieren aumentar el descuento, mientras que los vendedores siempre quieren aumentar el ***Valor*** del vehículo.

En el ***Proceso de Ventas Actual***, los vendedores tienden a tener habilidades de negociación limitadas, por lo que después de descontar el producto, no tienen a dónde ir, excepto volver a su Gerente de ventas para comenzar a presionarlo para que baje el precio. Los vendedores quieren aprender a pelear, no con los compradores, sino con la tentación de volver corriendo al escritorio para obtener permiso para bajar el precio. La única dirección que puede tomar una ***Negociación*** de precios, por parte del concesionario, es hacia abajo.

Los vendedores deben comprender que el ***Valor*** viene en muchas formas y tamaños. Hay varias formas en que pueden generar ***Valor*** sin bajar el precio.

- Sugiera al comprador que hay más valor en un vehículo nuevo en comparación con un vehículo depreciado o modelo anterior.
- Owner El propietario de un auto nuevo tiene una tranquilidad que proviene de la mayor confiabilidad de los equipos nuevos.
- Establecer una relación de confianza con el comprador.

AQUÍ HAY UN EJEMPLO

USTED: "¿Bob, justo el otro día vi un vehículo viejo averiado al costado de una carretera principal, y pensé para mí mismo que esto podría causar un accidente, y que la señora que estaba allí realmente podría lastimarse, así que me detuve para ayudarla. ¿Apuesto a que no quieres que eso le pase a alguien de tu familia, verdad? "

La mayoría de los compradores se centran en tratar de bajar el precio. Pero los vendedores quieren concentrarse en aumentar el **_Valor_**. Las **_Negociaciónes_** pueden volverse adversarias o, en el mejor de los casos, consumir tiempo que tanto compradores como vendedores desean evitar. Se puede evitar una **_Negociación_** en conjunto si el comprador siente que está obteniendo suficiente **_Valor_** para la pequeña inversión mensual adicional.

Los vendedores quieren ayudar a los compradores a evitar la sensación de que deben **_Negociar_** para ser un comprador inteligente, por lo que a menudo se puede evitar si el vendedor establece el **_Valor_** principal al comienzo del **_Proceso de Negociación_**. Al evitar este paso, los compradores no tienen que examinar todos los datos para hacer un argumento lógico para bajar el precio. Lo mismo es cierto cuando se trata de postergar la toma de una decisión de compra. La posición de **_Negociación_** del vendedor es mucho más fuerte cuando todo el proceso de ventas se basa en una comunicación abierta y honesta.

AQUÍ HAY UN EJEMPLO

USTED: "Amigos, cuando llamo a mis clientes después de haber realizado una compra, me dicen que están satisfechos con su nuevo vehículo. La tranquilidad que obtienen al poseer un vehículo nuevo vale esa pequeña inversión mensual adicional."

NOTA PARA EL LECTOR

Para romper un atasco de registro en una **_Negociación_**, los vendedores pueden mencionar algo para cambiar el tema durante unos minutos. Los compradores se sienten seguros conforme a lo que han hecho sus pares respetados, y esta información se transfiere a través de los proveedores. Es una característica de venta significativa si un vendedor ha vendido este mismo vehículo a una celebridad local. Esto brinda a los compradores una forma de seguridad al hacer su propia compra.

Si los compradores aún quieren discutir el precio después del **_Resumen del Valor Percibido_**, entonces es hora de **_Negociar_**. Cuando se trata de **_Negociación_**, los vendedores siempre quieren que los compradores se centren solo en la pequeña cantidad del pago mensual adicional sobre su pago mensual actual. Esto se compara con todo el **_Valor Total_** que recibirán al ser propietarios de este vehículo. Existen algunas justificaciones lógicas para realizar una compra cuando el pago mensual se desglosa en su denominación más pequeña.

Cada paso en el nuevo proceso de ventas está diseñado para proteger el beneficio bruto. La siguiente estrategia es que los vendedores aprendan a negociar con los servicios del concesionario, como cambios de aceite gratuitos, lavados de autos, rotaciones de llantas, etc. Servicios del concesionario que cuestan menos dinero y hacen que el cliente vuelva al concesionario. El **_Nuevo Proceso de Ventas_** se trata de hacer que los clientes formen parte de la familia extendida del concesionario. Deben sentirse como en casa y querer regresar para que le revisen el vehículo.

Si los compradores vuelven a subir el precio, los vendedores deben cambiar la conversación al pago inicial o al pago mensual. Recuerde, la estrategia es cuando los compradores hablan de manzanas, los vendedores hablan de naranjas. Si los compradores mencionan la asignación comercial, los vendedores revisan la lista de ***Justificación de Asignación Comercial***.

Si los compradores aún desean un mayor descuento en el precio, los vendedores quieren comenzar a ***Negociar*** sin un inventario costoso (años, marcas, modelos, paquetes, opciones y complementos).

No se debe permitir a ningún vendedor negociar una transacción sin comprender completamente la información presentada aquí y tener un conocimiento exhaustivo del inventario. Cuanto más tiempo puedan resistir los vendedores para bajar el precio, más valioso será el vehículo y más compradores estarán dispuestos a pagar por ellos.

NOTA PARA EL LECTOR

La ***Negociación*** es como el ***Proceso de Entrevista*** en el que los vendedores quieren reducir la velocidad y relajarse, por lo que los compradores harán lo mismo. En cada pausa en la conversación, los vendedores deben volver a construir el ***Valor Futuro*** y qué alivio será evitar las consecuencias negativas que los compradores han estado preocupados. Es difícil para los compradores expresar el concepto de ***Valor***, por lo que hablan de precio.

El siguiente aspecto de la ***Negociación*** es donde los vendedores colocan los pagos mensuales en la denominación más pequeña.

EJEMPLO

USTED, "Bob, la diferencia en este pago mensual en comparación con su pago actual es como una taza de café y una dona al día. ¿Y todos queremos perder peso de todos modos, verdad?

Si los compradores aún se están resistiendo, el vendedor vuelve al escritorio y el Gerente de ventas entra y comienza el proceso nuevamente. Con suerte, el gerente ya asomó la cabeza y saludó a los clientes.

Esto sigue siendo un juego de desgaste, solo las reglas han cambiado. Si hay una rebaja de precio, depende del Gerente de Ventas. Y luego en pequeños incrementos con una justificación.

EJEMPLO

Gerente, "Bob, déjame ir a verificar y ver si calificas para ese nuevo programa, acabamos de entrar".

Otro tema importante para cubrir en este punto es lo que determina una **Objeción** real. Una objeción real es un elemento disuasorio expresado específicamente para obtener un acuerdo o rechazo de un producto o servicio. The **Nuevo Proceso Ventas** la mayoría de los problemas que los compradores plantean como **Preocupaciones**, luego los aborda y los elimina a través de una conversación abierta y honesta. El mensaje real de los compradores suele ser: "Necesito que incorpores más **Valor** en el trato para que pueda hacer una compra".

PREOCUPACIONES VS OBJECIONES

Hay una gran diferencia entre una preocupación y una objeción. La mayoría de las veces los compradores están preocupados o tienen una pregunta, todo lo que realmente están pidiendo es información. La clave para resolver la mayoría de las **_Preocupaciones_** es abordarlas inmediatamente en conversaciones abiertas, honestas y transparentes antes de que se conviertan en **_Objeciónes_**.

Los compradores desean realizar una compra, y los concesionarios quieren vender los vehículos, por lo que solo es cuestión de trabajar juntos para alcanzar un objetivo común. Estos son solo baches de velocidad, no obstáculos. La comunicación abierta y honesta es la clave para resolver la mayoría de las diferencias entre las personas.

Si los compradores tienen una **_Objeción_** real, entonces hay un proceso de tres pasos para resolver una **_Objeción_** del comprador de que todas las ventas entrenan un guión también:

- ➢ Repite verbalmente la **_Objeción_** para aclarar lo que TÚ escuchaste.
- ➢ Luego reformule la **_Objeción_** del comprador para ponerla en términos que USTED pueda resolver.
- ➢ Y finalmente, tenga una conversación abierta y honesta con los compradores expresando que USTED reconoce su situación y hará lo que pueda para resolver. Esto generalmente ayudará a reducir la ansiedad del comprador y convertirá su objeción en una preocupación, y luego avanzará el proceso de venta.

"Trate las objeciones como solicitudes de información adicional".
Brian Tracy

Capítulo Once
Parte Ocho del Nuevo Proceso de Ventas
Confirmar una Transacción

La mayoría de los vendedores se sienten intimidados, por lo que tres de cada cuatro realmente nunca preguntan a los compradores por sus negocios.
Zig Ziglar.com

Cuando un vendedor hace que el comprador firme la **_Orden del Comprador_**, esto significa que el comprador está de acuerdo con la oferta que el concesionario le ha hecho y que quiere avanzar a la fase de contratación. La **_Orden del Comprador_** no es el contrato, pero una lista de artículos que los compradores acuerdan puede reexpresarse en el contrato. En el **_Nuevo Proceso de Ventas_**, esto se conoce como cerrar el trato. En el nuevo proceso de ventas, esto se conoce como confirmación de la transacción.

Las palabras son importantes, especialmente cuando se trata de la parte más estresante del proceso de ventas. El término "Cerrar" se refiere a algo que termina. El término "confirmar" que se utiliza para llegar a un acuerdo implica que las dos partes están de acuerdo y trabajarán juntas en el futuro. Un acuerdo es una mejor palabra que contrato, ya que ambas partes creen que es un intercambio justo de **_Valor_**. Este es el momento en que los vendedores necesitan hablar con **_Palabras Suaves_**, lo que hará que los compradores se sientan más cómodos. Las **_Palabras Difíciles_** parecen agresivas y pueden incomodar a los compradores, por lo que dudan en seguir adelante. Los vendedores también quieren aprender a utilizar correctamente palabras de inportancia, que son respuestas memorizadas que pueden ayudar a mantener la conversación en el tracto hacia adelante.

El objetivo del **_Nuevo Proceso de Ventas_** cuando se trata de **_Confirmar la Transacción_** es hacer que los compradores comprendan que esta transacción es un cambio de valor y una propuesta de **_Ganar_** / **_Ganar_** para ambas partes. Si los vendedores no le preguntan directamente a los compradores por su negocio, todo hasta este momento es solo académico (lo que significa que es solo hablar y no actuar).

Confirmar la transacción de venta no es un encantamiento mágico. En cambio, involucra a los vendedores simplemente preguntando a los compradores por su negocio después de explicar que el **_Valor_** que recibirán es mayor que la pequeña inversión mensual adicional.

Los vendedores quieren tener empatía sabiendo que los compradores necesitan ayuda, apoyo y refuerzo cuando es el momento de hacer un gran compromiso.

Cuando los vendedores han ejecutado cada paso correctamente, pueden suponer naturalmente que confirmar la transacción es una conclusión inevitable. Es solo un paso más en el proceso de ventas en curso y no es gran cosa. Cuanto más casuales sean los vendedores, más cómodos estarán los compradores para seguir adelante. Sin embargo, los vendedores deben proyectar autoridad a través del tono y la inflexión en su voz al hacer la **_Declaración de Cierre_**.

EJEMPLO

USTED: "Bob, solo necesito que tú y Sally firmen aquí y aquí".

El hecho es que el sesenta y tres por ciento de las personas que hacen una presentación de ventas NO preguntarán por el negocio del comprador.
Información en línea de Zig Zigler

NOTA PARA EL LECTOR

La razón por la que los vendedores no solicitan a los compradores sus negocios es el miedo al rechazo. El miedo se disipa cuando una relación se basa en una comunicación abierta, honesta y transparente. En el **_Nuevo Proceso de Ventas_**, confirmar la transacción no es un elemento separado y distinto, sino solo una continuación de la conversación que comenzó en el lote.

La confirmación de la transacción no requiere un centenar de cierres memorizados, ya que algunos entrenadores de ventas promocionan. En cambio, el **_Nuevo Proceso de Ventas_** se basa en un alto nivel de confianza, transparencia y respeto mutuo. Los vendedores y compradores disfrutan de una comunicación abierta y honesta, por lo que el siguiente paso natural es llegar a un acuerdo cuando haya un intercambio equitativo de **_Valor_**. Esto se llama a **_Gana/ Gana Transaction_**.

CONFIGURACIÓN DE LA DECLARACIÓN DE COMPRA

El nombre propio de esta táctica de ventas es **_Soporte de Decisiones_** y se utiliza para justificar la decisión del comprador de actuar. Antes de preguntar por el negocio del comprador, los vendedores buscan la **_Confirmación de la Transacción_** haciendo una simple pregunta: "¿Le gustaría el título en ambos nombres?" Esto se conoce como configurar una Declaración de compra. Cada vendedor debe tener su propio **_pistas de palabras_** que lo lleve a hacer una **_Declaración de Compra_**, que es "Por favor firme aquí". Debe ser simple, natural, fácil de recordar y fácil de decir.

Aquí hay algunas ***Pistas de Palabras*** que son efectivas antes de que el vendedor haga una ***Declaración de Compra***.

PISTA DE PALABRAS # 1

USTEDES: "Amigos, creo que estarán de acuerdo conmigo en que este vehículo satisface todas las necesidades de su familia, y este es ciertamente un precio justo, ¿CIERTO? Luego, los vendedores continúan diciendo ... Solo necesito que firmes aquí.

PISTA DE PALABRAS # 2

USTEDES, amigos, "dado que todos estamos de acuerdo en que este (marca y modelo) es el vehículo adecuado para su familia y que los beneficios ciertamente compensan el pequeño aumento en la inversión mensual, solo necesito que firmen aquí".

PISTA DE PALABRAS # 3

USTED: "Amigos, después de trabajar con ustedes por un tiempo, estoy impresionado con lo inteligentes que son cuando se trata de comprar un automóvil. Seguro que sabe qué buscar, así que sé que no tendrá ningún problema para decidir qué buena inversión es esta. Solo necesito que firmes aquí ".

PISTA DE PALABRAS # 4

USTED: "Amigos, después de sopesar todos los pros y los contras, esta será una de las mejores y más fáciles decisiones que hayan tomado, y respeto a alguien que sabe lo que quiere y lo consigue. No puedes equivocarte con este nuevo (marca y modelo). Este vehículo le brindará a su familia muchos momentos buenos y seguros juntos. Solo necesito que firmes aquí ".

DECLARACIÓN DE COMPRA

Un vendedor puede ofrecer un apretón de manos después del **Resumen del Valor Percibido** para el **Cierre de una Acción**. El vendedor le dice al comprador que las personas inteligentes como ellas pueden ver claramente lo bueno que es para toda la familia. Esta declaración se utiliza cuando los vendedores quieren exigir que el comprador sea coherente con su propia imagen ... como un tomador de decisiones inteligente y rápido. Los vendedores deben practicar las preguntas de configuración y luego hacer **Declaraciones de Compra** que soliciten el negocio del comprador.

Los vendedores quieren reducir su nivel de estrés cuando se trata de confirmar la transacción. Esto sucede cuando confían en Dios en que todo saldrá bien, ya sea que los compradores hagan una compra o no. Esto ayudará a que los vendedores se sientan tan cómodos y confiados en el momento de preguntar a los compradores por su negocio como lo están en cualquier otro paso del **Nuevo Proceso de Ventas**. Esto solo sucederá cuando el concesionario no cobre de más a los compradores, sino que les ofrezca un intercambio justo de valor.

UNA CITA

Amarillo Slim, un viejo jugador solía decir: "Puedes esquilar una oveja cien veces, pero solo puedes desollarlo una vez".

Esto significa que cada transacción debe ser justa y equitativa para ambas partes, una transacción Ganar / Ganar, si el concesionario quiere que los compradores regresen y recomienden a sus familiares y amigos.

Capítulo Doce

Finalizando el Proceso
Finanzas y Seguros

La oficina de F&I es donde el comprador firma el contrato para comprar el vehículo. También ofrece a los compradores la opción de comprar una de las ofertas de venta del concesionario de productos auxiliares. Los compradores también tienen la opción de comprar ...

- Gap Insurance (seguro de protección de activos garantizado)
  Seguro de crédito o protección de pagos
- Garantía extendida
- Contrato de auto servicio
- Productos antirrobo
- Peligro vial

NOTA PARA EL LECTOR

En el ***Nuevo Proceso de Ventas***, cada minuto se contabiliza. Mientras los compradores esperan para entrar en la oficina de F&I, los vendedores se sientan con ellos y les cuentan sobre el programa de referencia.

AQUÍ HAY UN EJEMPLO

USTED, "Bob, para que sea fácil contactarme con mis clientes, les pido que pongan mi número de celular en su teléfono. Por supuesto, esto hace que sea muy conveniente para ellos recuperar mi número de celular para referencias también.

"Entonces el vendedor puede ir a ver si el vehículo está listo para la entrega.

Presentación de Entrega del Vehículo

Hay muy pocos vendedores que hacen una presentación profesional de entrega de **Vehículos Observaciones Personales.**

Aquí hay un acrónimo FAB que significa características, ventajas y beneficios. Este es un paso esencial porque la **Presentación de Entrega del Vehículo** es una excelente oportunidad para que los vendedores ofrezcan servicio después de las ventas. El propósito de esta presentación ahora es cubrir todas las características y beneficios, el cronograma de operación del **Departamento de Servicio** y responder cualquier pregunta que los compradores puedan tener.

Los días y las horas de operación del Departamento de Servicio se pueden imprimir en el reverso de cada tarjeta de negocios del vendedor. Esto ayudará a los compradores a conservar la tarjeta del vendedor.

NOTA PARA EL LECTOR

Un estudio reciente de Toyota mostró que si un cliente usaba el **Departamento de Servicio** tres veces o más, era probable que volviera a ese concesionario para comprar su próximo vehículo.

En este punto, toda la presión está apagada, por lo que este es también un buen momento para que los vendedores aprendan más sobre los miembros de la familia extendida de los compradores. Cuanto más sepan los vendedores de la comunidad, mayor será su *Esfera de Influencia*.

Seguimiento

El **90%** de los vendedores NO hacen ningún seguimiento, ya sea que el cliente compre o no.
dealerrefresh.com

El seguimiento tiene varios propósitos, primero, ayuda a los compradores a superar el *Remordimiento del Comprador*. En segundo lugar, refuerza y fortalece la relación con los compradores. Y finalmente, si los compradores finalmente no compraron en esta visita al concesionario, el vendedor debe consultar con su Gerente de Ventas y encontrar una razón para invitar al comprador a regresar al concesionario. Luego, los vendedores hacen una llamada para decirles a los compradores que tienen algunas noticias interesantes.

El hecho es que cuatro de cada cinco compradores potenciales todavía están en el mercado para comprar un vehículo, después de su primera visita a un concesionario. ¡No pierdas la oportunidad de venta! Si los vendedores pueden hacer que los compradores vuelvan al concesionario, más de dos tercios de ellos harán una compra.

El **38%** de los clientes compra dentro de las 4 horas de haber visitado su primer concesionario.
dealerrefresh.com

NOTA PARA EL LECTOR

Los vendedores deben sentarse después de trabajar con cada comprador y criticar su propio manejo de la oportunidad de ventas.

La mayoría de los distribuidores de hoy tienen un sistema electrónico de ***Gestión de la Relación con el Cliente*** que les recuerda a los vendedores cuándo llamar a clientes específicos. Muchas de estas llamadas no son tan efectivas como podrían ser porque los vendedores no tienen ninguna relación personal con las personas. Como resultado, el mensaje no se envía ni se recibe con mucho entusiasmo.

No se rinda ya que el **57%** de los consumidores compran dentro de los 3 días de visitar su primer concesionario.
dealerrefresh.com

Este ***Nuevo Proceso de Ventas*** está diseñado para crear las bases para el seguimiento. La razón por la que el monitoreo y el seguimiento es tan importante es que el negocio de repetición y referencia será el alma de los concesionarios que sobrevivirán en el futuro. Aquí hay una infografía que muestra a los vendedores cómo se supone que debe funcionar el modelo de ventas.

Esta infografía fue producida internamente

Los vendedores deben aprender cómo convertir el *Ciclo de Compras del Cliente* en un sistema de circuito cerrado si quieren ser los que más logran trabajar una semana laboral de cuarenta horas y obtener un ingreso anual de seis cifras. Esto solo es posible cuando un vendedor tiene una base de clientes leales basada en relaciones sólidas. Con trabajo duro y el *Nuevo Sistema de Ventas*, esto es posible para que un vendedor logre este objetivo en cinco años.

Capítulo Trece

Acerca de la Gente
La Posición de Ventas

La generación del milenio es el segmento de la población que tiene aproximadamente entre **20** y **40** años. Este grupo de edad representa aproximadamente el **90%** más de los nuevos vendedores dentro de la *Industria de Ventas de Automóviles.*
Los consumidores mayores de **40** años representan el **75%** de todas las ventas de automóviles nuevos.
Nielsen.com

NOTA PARA EL LECTOR

Las personas más jóvenes venden vehículos a personas mayores que los compran. Esto debería decirle a la Administración que desean atender al cliente que creció con menos tecnología y relaciones más sólidas.

Los millennials quieren ser parte de una cultura empresarial basada en la integridad. Quieren una compañía que los haga sentir parte de una familia extensa y trabajar en algún lugar con futuro. Buscan una empresa que no se centre solo en las ganancias, sino que también se preocupe por sus empleados y sus clientes. Quieren estar en un lugar donde puedan hacer una diferencia y sentirse bien consigo mismos y su elección de carrera.

Los millennials pueden cambiar la industria del automóvil que tiene fallas y que los consumidores desprecian. La industria de ventas de automóviles ha perdido millones de relaciones a largo plazo que una vez tuvo con sus clientes. La razón principal es que los concesionarios han olvidado que su propósito principal es servir al cliente.

En el entorno actual, los concesionarios se centran solo en las ganancias a corto plazo, que terminan siendo una transacción de ganar / perder. Estas transacciones terminan teniendo una ganancia bruta baja y clientes sin lealtad al concesionario. La mayoría de los clientes no regresan, a menos que haya un gran descuento, ni se refieren a amigos y familiares.

Muy pocos vendedores pueden hacer una carrera en ventas de automóviles sin negocios repetidos y de referencia. Ganarse la vida justo fuera del tráfico es difícil. Muchos vendedores nuevos reducen su nivel de vida en lugar de aumentar sus ingresos anuales.

¡Se necesita conocimiento y habilidad para ser bueno vendiendo autos! The **_Generacion melenaria_** obtendrá este conocimiento aplicando el **_Nuevo Proceso de Ventas_** sugerido en este libro. The **_Industria de Ventas de Automóviles_**. puede utilizar esta información para superar los defectos dentro de la industria de ventas de automóviles.

Cambiar una industria es una tarea enorme y solo puede lograrlo una generación que quiera tener un impacto positivo en uno de los pilares económicos de este país, la industria del automóvil. Se necesitará fe en el **_Nuevo Proceso de Ventas_**, en ellos mismos y en Dios para lograr este cambio. Para que los concesionarios **_Pasen del Proceso de Ventas Actual_** al **_Nuevo Proceso de Ventas_**, requerirá preparación y esfuerzo por parte del personal de ventas. El primer paso es leer y aprender el material de este libro. Después de eso, los vendedores deben comenzar a practicar estas habilidades de comunicación y técnicas de venta.

Trabajo Vs. CARRERA

La venta de automóviles no es un trabajo regular. En un trabajo regular, usted se presenta a trabajar y generalmente trabaja cuarenta horas bajo la supervisión de un gerente. Usted es un empleado de la empresa con un límite de ingresos.

Una oportunidad de negocio como ventas comisionadas completas es donde cada persona básicamente trabaja para sí misma, por lo que sus ingresos dependen de ellos. Casi el 80 por ciento de los millonarios que trabajan son trabajadores independientes.
businessinsider.com

Los vendedores trabajan bajo el paraguas de un concesionario donde los gastos están cubiertos. En el entorno adecuado, puede ser una carrera gratificante y lucrativa. A continuación se enumeran algunos de los beneficios de una posición de venta de automóviles.

- ➢ Esta oportunidad de negocio ofrece a las personas el potencial de obtener un ingreso anual de seis cifras (a través del trabajo duro y la dedicación).
- ➢ Esta oportunidad de negocio ofrece a los vendedores la oportunidad de construir una gran base de clientes leales trabajando con las personas que elijan.
- ➢ Los vendedores productivos pueden planificar su horario trabajando con citas en lugar de tráfico de lotes esporádico.
- ➢ Environment Un ambiente de concesionario es limpio, cómodo y profesional.

> El concesionario ofrece a los vendedores una oficina, un teléfono, el uso de una máquina de fax y acceso al correo electrónico. El concesionario paga los servicios de electricidad y contabilidad.
> El concesionario también ofrece a los vendedores más de un millón de dólares en inventario disponible para la venta.
> El concesionario mantiene un personal administrativo totalmente capacitado que los respalda.
> El concesionario gasta una enorme cantidad de dinero en publicidad para comprar clientes potenciales.
> No hay restricciones en la cantidad de dinero que los vendedores pueden ganar porque no hay restricciones en sus ventas.

El concesionario requiere que los vendedores estén físicamente en el concesionario un número mínimo de horas por semana. El concesionario requiere que el piso de ventas y el lote estén cubiertos con vendedores disponibles para atender a los compradores. En la mayoría de los casos, a los vendedores de automóviles nuevos se les paga una **Comisión Directa**, sobre el beneficio inicial menos el costo de los **Bienes Vendidos** y otros gastos generales. Los concesionarios requieren que los vendedores mantengan una apariencia y comportamiento profesional. Los vendedores brindan soporte para tareas relacionadas con las ventas, como la comercialización del inventario.

Sin un salario por hora, los vendedores deben aprender a llenar su día con acciones productivas que se centran en crear una venta. Es fácil confundir ganar dinero simplemente trabajando largas horas. Los nuevos vendedores deben comenzar trabajando con **Lote Traffic** hasta que se establezcan.

Los nuevos vendedores deben salir a la carretera y ganar tracción de inmediato si quieren sobrevivir en el negocio de ventas de automóviles. A medida que las ganancias comienzan a retroceder, es hora de que los concesionarios hagan un cambio en el proceso, no el personal. Después de aplicar el **_Nuevo Proceso de Ventas_**, un concesionario puede aumentar su índice de cierre y aumentar su **_Beneficio Bruto_**, lo que contribuye a la longevidad de su personal de ventas.

Capítulo Catorce

Éxito

Extracto del entrenador John Wooden's, Pirámide del éxito

A continuación se enumeran algunos de los ingredientes clave para tener éxito en las ventas de automóviles. Los vendedores deben tener fe en el proceso y luego entregar los resultados a Dios.

La infografía anterior muestra algunos de los bloques de acción en su Pirámide para el éxito (simplemente no hay suficiente espacio para mostrar toda su Pirámide para el éxito). No importa cómo reordenó los bloques de acción, "FE" siempre fue el mejor.

NOTA PARA EL LECTOR

Dado que se ha planteado el tema de la fe, este podría ser el lugar adecuado para presentar al entrenador John Wooden. Pasó toda su vida creando y revisando su Pirámide del éxito. Estos son los rasgos que las personas exitosas tienen en común. Estos rasgos pertenecen a personas de todos los ámbitos de la vida, incluidos los vendedores de automóviles.

Después de entrenar, fue uno de los principales oradores de grupos de CEO en todo el país. Su tema siempre fue el mismo, y ese es el equipo que está mejor preparado y juega a su máximo potencial. La clave del éxito es que el mismo régimen de entrenamiento constante es válido para un equipo de ventas como lo es para un equipo deportivo.

UNA NOTA FINAL PARA LEER

Aquí hay un segmento de su libro que le dice que es un hombre que construyó su carrera y su vida sobre los principios de la Biblia.

> **Cita del Entrenador John Wooden:**
>
> "Serví como entrenador de baloncesto en una institución pública, donde la fe en Dios no era parte de mi plan de estudios. Pero siempre incluí la fe en la parte superior de mi "Pirámide del éxito". Aunque no hablaba sobre mis creencias, siempre tenía una Biblia en mi escritorio y dirigí intencionalmente con el ejemplo, basado en la enseñanza de Cristo.
>
> Para mí era importante nunca parecer crítico con la fe de otra persona. Como resultado, nunca intenté cambiar la fe de una persona. Lo vi como el trabajo de Dios, no el mío. Sin embargo, alenté a mis jugadores a mantener una mentalidad abierta, porque sentí que aquellos que tenían una mentalidad abierta darían paso a la verdad"
>
> Este es un extracto del libro del entrenador John Wooden,
> "Aplicando la pirámide del éxito a tu vida"

quí hay una cita del entrenador John Wooden, el entrenador deportivo universitario más ganador de la historia (infografía).

Al final de este libro, hay un extracto de uno de los libros del entrenador John Wooden. Quería darle al lector los pensamientos del entrenador sobre la espiritualidad, ya que este tema se tratará con mayor profundidad en el próximo libro de esta serie.

Después de leer este libro, apreciaríamos una breve y honesta revisión en Amazon. El próximo libro de la serie tendrá más ideas innovadoras. Si este libro lo entusiasma con las ventas de automóviles, dígaselo a un amigo.

"Si el dinero es tu esperanza para la independencia, nunca la tendrás. La única seguridad real que un hombre tendrá en este mundo es una reserva de conocimiento, experiencia y habilidad".
henryford.org

Glosario

Plan de Involucramiento de los Interesados es donde los vendedores involucran activamente a los compradores en el proceso de hacer algo que demuestre que están interesados en seguir adelante con el vehículo.

Selección Alternativa, el vendedor verifica el compromiso del comprador con un vehículo en particular al ofrecer un vehículo alternativo (también conocido como "intercambio de lotes")

El Beneficio Bruto de Fondo es el beneficio obtenido en la fase de F&I de la transacción de ventas.

Los Bloques de Beneficios son representaciones gráficas de valor. Estos bloques se utilizan para que los vendedores puedan crear una imagen sólida en su mente de un objeto intangible.

El Proceso de Entrevista al Comprador es donde los vendedores involucran a los compradores en una conversación de ventas productivas sobre temas personales como lo que llevó a estos compradores a comprar actualmente.

El Formulario de Pedido del Comprador es un formulario impreso en el que los vendedores escriben la información del comprador y luego el gerente, a su vez, escribe la propuesta del concesionario. Esto no es un contrato, sino solo una promesa de que el comprador va a comprar este vehículo.

El Remordimiento del Comprador es la sensación de arrepentimiento después de haber realizado una compra. Con frecuencia se asocia con la compra de un artículo costoso como un vehículo.

Los Vendedores de la Declaración de Compra o (cierre) hacen esta solicitud después de pasar por el Resumen del valor percibido. En ese momento, los vendedores solicitan que el comprador firme el Formulario de Pedido del Comprador para que puedan pasar al siguiente paso en la transacción.

La Declaración de Compra o (cierre) es una técnica de cierre popular, el (cierre supuesto) es donde el vendedor asume que el trato se ha realizado y le pide al comprador que firme aquí.

El Código de Ética es un procedimiento escrito para las acciones de las personas en el trabajo.

La Confirmación de la Transacción es cuando el comprador firma la orden del comprador para avanzar en la compra del vehículo.

La Preocupación Central es el pensamiento impulsado por el miedo que cada comprador tiene en mente que podría suceder si no compra otro vehículo.

Costo vs. Value Equation cuando cada comprador sopesa los beneficios, recibirá de la compra del vehículo en comparación con el costo. También conocido como "Análisis de costo / beneficio", esto es básicamente lo mismo que cuando cada comprador pondera.

Costo de los Bienes Vendidos es el precio que el concesionario paga al fabricante por el vehículo.

Gestión de la Relación Con el Cliente es una tecnología para administrar todas las relaciones e interacciones de su empresa con clientes y clientes potenciales.

El Proceso de Ventas Actual es la fórmula frecuente pero anticuada para las ventas de automóviles que eleva el resultado final del concesionario por encima de los mejores intereses del cliente. Se centra en el marketing de alto volumen y enfoque de escopeta con poco énfasis en las relaciones personales de comprador-vendedor.

La Propuesta de Concesionario es la oferta del concesionario para vender a los compradores un vehículo, incluye un descuento y una asignación comercial para su vehículo actual.

El Soporte de decisiones viene después del Resumen del valor percibido, y antes de la Declaración de compra, donde el vendedor mira al comprador, saca la mano y dice: "Felicitaciones, ha tomado la decisión correcta; Solo necesito que firmes aquí."

La Presentación de Entrega es cuando las llaves del vehículo se entregan al cliente, y el vendedor ahora realiza una presentación integral de características y beneficios, que incluye revisar el papeleo y la información del departamento de servicio.

Unidad de Demostración es la parte de la presentación del vehículo donde el comprador puede probar el vehículo en la carretera.

Manual de Evidencia en el negocio de automóviles, se refiere a un álbum de recortes de negocios que muestra a los compradores cosas buenas sobre el producto, el concesionario y el vendedor mismo.

Cultura Basada en la Fe es una cultura corporativa que establece líderes que modelan la integridad y todos los atributos positivos que representa.

Cultura Basada en el Miedo esto es cuando las acciones y el pensamiento no expresados de un grupo de personas se rigen por el miedo. El sello distintivo de esta cultura es la baja confianza, el alto control y la falta de apoyo.

El Encuadre (en una presentación) es un hecho que a menudo presenta hechos de tal manera que implica un problema que necesita una solución.

El Beneficio Bruto Inicial es el beneficio durante la transacción real del automóvil.

El Valor Futuro es un beneficio que se disfrutará en un momento en el futuro.

El Margen de Beneficio Bruto es el número superior en la ecuación, conocido como beneficio bruto o margen bruto, es el ingreso total menos los costos directos de producir ese bien o servicio. Los costos directos (COGS) no incluyen gastos operativos, pagos de intereses e impuestos, entre otras cosas.

Valor Futuro son los beneficios que se disfrutarán en el futuro.

El Beneficio Bruto se puede calcular restando el costo de los bienes vendidos (COGS) de los ingresos (ventas).

El Problema es la razón por la cual estos compradores comenzaron a comprar. Este tema generalmente se encuentra al servicio de la mente consciente.

Las Palabras Duras son palabras firmes que si un vendedor las usa al finalizar la transacción, puede agregar más estrés a la situación. Ejemplo: contrato en lugar de acuerdo.

El Punto Caliente es el área del vehículo donde se resuelve el problema, la situación o la inquietud del comprador).

El Valor de por Vida es la cantidad de dinero que un cliente podría gastar en la compra de vehículos y en el Departamento de Servicio a lo largo de su vida. Este número ni siquiera incluye todos los ingresos que podrían generarse a partir de referencias.

La Transacción Perder / Perder es cuando un comprador no compra un vehículo y no planea volver a ese concesionario nuevamente.

El Punto Caliente es un pequeño bloc que los vendedores llevan en sus bolsillos y que tiene preguntas impresas en la página que los vendedores pueden preguntar a los compradores sobre su vehículo actual en la unidad de demostración de regreso al concesionario.

Lote Cambio es la jerga del automóvil para ofrecer al comprador un vehículo alternativo para verificar el compromiso del comprador con el vehículo que dice que quiere.

Lote Trafico son los compradores que simplemente pasan por el concesionario y / o también llaman tráfico sin cita.

Concesionaria Impulsada por el Mercado, esto significa que la mayor parte del tráfico no fue generado por vendedores que realizan prospecciones, seguimientos o negocios de repetición / referencia establecidos a través de relaciones con compradores, sino más bien por tráfico.

Venta en Marketa es solo vender un vehículo a un comprador y luego enviarlo en su camino.

Estrategia de marketing: un plan de acción diseñado para promocionar y vender un producto o servicio.

Conocer y Atender es vendedores que se presentan a los visitantes en el lote.

La Propiedad Mental es el momento en que el comprador se imagina a sí mismo como propietario y disfrutando de ese vehículo.

La Mentalidad de Escasez es una mentalidad que existe en una cultura basada en el miedo donde nunca hay suficiente de nada. Causa una feroz competencia entre vendedores por Lot Traffic. También es la mentalidad de los vendedores obtener todo lo más rápido posible de cada comprador que esperan.

Millennial Generacion es el segmento de la población que tiene una edad de aproximadamente 20 a 40 años y representa aproximadamente el 95% de los vendedores de automóviles nuevos.

Declaración de la Misión una Declaración de lo que una empresa siente que es lo correcto.

La "Necesidad" motiva a los compradores a satisfacer una unidad externa. Si no se cumple una "Necesidad", hay una consecuencia negativa.

La Negociación es el toma y daca de dos partes para llegar a un compromiso que ambas partes acuerden.

El Nuevo Proceso de Venta es un enfoque de ventas en el que el vendedor se enfoca en descubrir y comprender el problema, la situación y las preocupaciones del comprador antes de intentar resolver el problema que motivó a estos compradores a comenzar a comprar automóviles.

El Enfoque Pasivo / Agresivo de la Venta es que los vendedores sean asertivos pero no agresivos cuando se lleven a una declaración final.

El Resumen del Valor Percibido es una conversación en profundidad en la que los vendedores vuelven en general al Valor futuro que recibirán los compradores al evitar una consecuencia potencial al NO completar la transacción en ese momento.

Elevar la Curiosidad de los Compradores es, en este caso, una técnica de ventas para que los compradores soliciten a los vendedores más información sobre algo que les interesa, como ahorrar dinero.

Presente o Valor Real es un beneficio que la gente puede disfrutar en ese momento. Un ejemplo al comprar algo viene en forma de un descuento o algún artículo o servicio gratuito.

Conversación de Ventas Productiva es cuando los compradores se abren y le dicen a los vendedores qué los hizo comprar en ese momento. Cuanto más profundicen los vendedores en los motivos de compra de los compradores, más relación entablarán en el camino y mayor influencia tendrán al revisar el Resumen del valor percibido más adelante.

El Valor en Tiempo Real es solo otra forma de decir el valor presente.

El Capital Relacional es un concepto nuevo para muchos propietarios de concesionarios. Es el valor, traducido a dólares, por el valor de la lealtad del cliente. Los pequeños concesionarios rurales deben otorgar un alto valor, tanto a los vendedores leales como a los clientes leales.

La Venta de Relaciones es una forma de venta en la que los vendedores se centran al crear una relación a largo plazo en lugar del proceso de venta actual, "bam-bam gracias, mamá", que tanto se usa actualmente en la actualidad.

Camino a Una Venta es un enfoque sistemático paso a paso para vender un automóvil.

Consejero de Ventas es el título para los vendedores que han tenido mucho éxito trabajando en el nuevo proceso de ventas. Después de cinco años dedicados de construir una base sólida y leal de clientes de clientes recurrentes / referidos, un vendedor debería poder vender entre uno y dos autos al día.

Las Historias de Ventas son pequeñas historias cortas que se utilizan para ilustrar o iluminar un tema o tema. Deben ser oportunos, cortos y al grano.

El Gerente de Ventas es una persona que se supone que debe dirigir, capacitar y apoyar a sus vendedores.

La Exposición Selectiva significa que el ruido de comunicación al que están expuestos los compradores hace que sean selectivos sobre la información que recuerdan, y el resto es simplemente desorden.

Departamento de Servicio el lugar donde se reparan los automóviles.

Servicio de Mayordomo es un chico o chica que supervisa que el trabajo de servicio se realiza correctamente.

La Transacción de Venta es lo que las personas llaman el "acuerdo". Es cuando el comprador realmente compra el vehículo.

Servicio Caminante es una gran parte del proceso de ventas, ya que muestra a los compradores que obtener un vehículo en un concesionario no es como ir a un garaje de árboles de sombra. Que cada técnico está capacitado y acreditado en cada trabajo específico y que tienen el equipo más reciente para hacer el trabajo correctamente.

Los Redactores de Servicios son los hombres y mujeres que redactan las órdenes de trabajo y tratan a los clientes uno a uno.

La Caminata Comercial Silenciosa se lleva a cabo cuando los vendedores y compradores regresan del   Mostracion de manejo al concesionario. En ese momento, el vendedor le dice al comprador que conduce dónde estacionar, y luego el vendedor le pide a los compradores que caminen alrededor del vehículo actual del comprador. Mientras el vendedor y los compradores caminan por el vehículo actual del comprador, el vendedor señala los defectos, pero no dice una palabra. La estrategia aquí es ayudar a los compradores a devaluar el vehículo ellos mismos.

Chekeo de Ayuda es cuando una persona viene al lote y un vendedor los saluda, el vendedor siempre pregunta si están allí para ver a alguien o si han estado trabajando previamente con otro vendedor.

Las Palabras Suaves se relacionan con las palabras que los vendedores usan para calmar y apoyar a los compradores en situaciones estresantes, como comprar un vehículo.

Esfera de Influencia Casi todos tienen un grupo de personas con las que son amigos, y estas personas quieren saber cómo les gusta su nuevo vehículo y cómo fue su experiencia de compra.

La Pregunta de Verificación de Temperatura es una pregunta hecha casualmente por los vendedores para verificar el estado de ánimo del comprador. Este es el primer cambio de hablar sobre automóviles a discutir los sentimientos del comprador. No importa lo que digan los compradores o si no dicen nada. Entre su respuesta y su lenguaje corporal, un vendedor astuto tendrá un buen presentimiento sobre en qué dirección dirigirse a continuación.

La Ganancia Bruta Total es el front-end bruto y el back-end más la ganancia bruta obtenida por la venta de la operación del comprador.

El Valor Total se obtiene combinando el valor presente con el valor futuro. Es el paquete de beneficios totales que el concesionario ofrece a los compradores.

La Justificación de la Asignación Comercial es el vendedor que se sienta con los compradores y les explica por qué los concesionarios tienen que ofrecer ventas al por mayor para los vehículos que se comercializan. El vendedor continúa explicando qué debe hacer todo el concesionario para preparar cada vehículo para ser vendido al por menor.

La Venta Transaccional es un proceso de ventas que se centra principalmente en hacer un trato y seguir adelante.

Valor es el valor de algo comparado con el precio solicitado por el producto / servicio.

La Propuesta de Valor es el paquete de beneficios que los vendedores ofrecen a los compradores a cambio de una cantidad igual de valor. El intercambio es el dinero del comprador para el transporte personal.

La Presentación del Vehículo es el acto de mostrar y demostrar tanto el valor presente como el futuro que los compradores disfrutarán al poseer este vehículo.

Cierre de Prueba Verbal es donde los vendedores preguntan a los compradores si este vehículo es la mejor resolución para satisfacer todas las necesidades de su familia.

Las Preguntas de Verificación son preguntas que los vendedores hacen para asegurarse de que entienden lo que el comprador les está diciendo.

La Estructura Organizativa Vertical es una estructura que depende de que el gerente mantenga un control cercano sobre sus subordinados.

Muro de Fama es un muro en la sala de espera de servicio o un pasillo donde hay una foto del gerente de servicio, redactores de servicio y técnicos. Debajo de la foto de cada técnico hay una lista de todos los certificados que posee el técnico.

Paso de Vent es un paso en el proceso de ventas cuando los vendedores abren el vehículo y se lo muestran a los compradores. El enfoque siempre está en el área del vehículo que resuelve el problema del comprador y toca las características y beneficios externos.

"Querer" es una motivación emocional para satisfacer un deseo. Si no se cumple el "deseo", no hay una consecuencia negativa.

Pregunta bien Elaborada es una pregunta que se construye para recuperar información específica.

Guía del Comprador Mayorista es un pequeño libro que los concesionarios de automóviles usan como guía de referencia para determinar cómo fijar el precio de los vehículos usados. Hay clasificaciones de edad, marca, modelo, opciones, millas y desgaste.

Ampliar el Círculo es qué y quién se vería afectado si ocurriera la preocupación central (consecuencia negativa).

Lista de Deseos es una lista de artículos que los compradores desean en su nuevo vehículo.

La Transacción de Ganar/Perder es cuando un comprador compra un vehículo pero no tiene intención de regresar a ese concesionario en el futuro.

La Transacción Ganar /Ganar es cuando un comprador compra un vehículo y agrega una buena experiencia de compra y planea regresar y recomendar a sus amigos y familiares.

Las Imágenes de Palabras son cuando un vendedor usa adjetivos para describir algo en palabras que el comprador realmente puede ver en su mente.

Palabras de Convensimento es un conjunto memorizado de palabras que se les enseña a los vendedores a utilizar para dirigir una conversación en una determinada dirección.

"Sí", las Preguntas son preguntas que los vendedores saben que los compradores responderán "sí", por lo que mantiene el proceso de ventas avanzando en una dirección positiva.

"Acérquese a cada cliente con la idea de ayudarlo a resolver un problema o lograr un objetivo, no a vender un producto o servicio".
Brian Tracy

Expresiones de Gratitud

Estoy muy agradecido por la gente que me ayudó y me apoyó para llevar a cabo mi primer libro. Los enumero aquí junto con sus contribuciones.

Primero y más importante, quiero agradecer a mi mejor amigo, el Sr. Greg Pitts, que ayudó en cada paso del proceso de edición y autoedición de mi primer libro. Me entrenó y me apoyó a través del diseño, la corrección de pruebas, el formateo y también me enseñó habilidades informáticas y de comunicación.

A continuación, está mi buena amiga, la Sra. Lauri Connors, que se sentó a mi lado día tras día editando mi manuscrito. Fue una tarea ardua y es una joven extremadamente talentosa.

Quiero agradecer a mi hermana, la Sra. Sherry Kestler, a mi hermano, el Sr. Rodney Kestler, a la Sra. Terri Pitts, a mi sobrino, el Sr. Christopher Fetchero, por corregir mi manuscrito, y a mi sobrino, John Fetchero, para la edición y producción de audio.

También quiero agradecer a mi sobrino, el Sr. Edward Nimnicht, por creer en mí durante este largo viaje de seis años.

Quiero agradecer a Rodney Reading por su contribución de gráficos por computadora durante los 15 años que hemos trabajado juntos. Mis maravillosos traductores de español, Arturo y Luisa Lora Andablo.

Y especialmente quiero agradecer a mi maravillosa esposa, Linda, quien, sin su apoyo, este libro no habría sido escrito.

Por favor, dé a este libro una revisión honesta sobre Amazon.com

www.ingramcontent.com/pod-product-compliance
Lightning Source LLC
Chambersburg PA
CBHW060844220526
45466CB00003B/1231